Wendy Jago

Comment faire bouger son mammouth…

et ne plus procrastiner

MARABOUT

Pour mon mari, Léo qui m'accompagne depuis plus de quarante ans et m'a soutenu dans mes efforts pour gérer mon mammouth.

Avec tout mon amour..

SOMMAIRE

INTRODUCTION

Vous pensiez que les mammouths étaient une espèce éteinte ? Faux ! Nous en avons tous au moins un ou deux dans notre vie, et ils peuvent être très envahissants si on ne sait pas les dompter. Rassurez-vous : ce livre est votre guide de poche pour apprendre à gérer la présence des mammouths dans votre vie.

Les mammouths sont partout !

Il existe de très nombreux types de mammouth, qui se manifestent dans tous les domaines de nos vies. En voici quelques-uns des plus courants. Vous en reconnaîtrez sûrement la plupart. Où se montrent-ils les plus envahissants : dans votre maison, dans votre tête ou dans votre cœur ?

- Une tâche ou une corvée qui a besoin d'être faite.
- Un rêve qui n'a pas été accompli.
- Des objets à trier.
- Une obligation ou une dette dont il faut s'acquitter.
- Une injustice qui reste en travers de la gorge.
- Une ambition qui n'a pas été réalisée.
- Un projet que vous « ne trouvez pas le temps » de faire avancer.
- Une stratégie ou un plan à élaborer pour l'avenir.

Votre mammouth

Les mammouths peuvent être d'ordre pratique ou mental, concrets ou abstraits, mais la grande majorité semblent plus imposants qu'ils ne le sont réellement, parce qu'ils touchent à nos émotions et à nos croyances. Et plus celles-ci vous tiennent à cœur, plus votre mammouth vous semble énorme.

Toutes les stratégies de domptage de mammouths sont à peu près les mêmes, quel que soit le type de mammouth auquel on a affaire. Tout au long de ce livre, je ferai donc référence à « votre mammouth », sans autre précision. Vous saurez vous-même s'il s'agit dans votre cas d'une tâche, d'un projet, d'une corvée ou d'une obligation, et c'est tout ce qui compte.

Les mammouths nous donnent l'impression de ne pas contrôler nos vies

Tout comme leurs ancêtres à poil laineux, les mammouths peuvent nous donner le sentiment de ne pas être à notre place, maladroits et lourdauds. Mais, comme je l'ai découvert au fil des nombreuses années passées à aider les autres, c'est la façon dont vous percevez votre mammouth qui change tout. Une chose peut être un mammouth pour vous, mais sembler plutôt minime et inoffensive à quelqu'un d'autre – et inversement.

Le poète anglais Richard Lovelace a écrit : « Les murs de pierre ne font pas une prison, / Ni les barreaux de fer une cage. » Même si son corps était emprisonné, Lovelace savait que c'était son esprit qui déterminait ce qu'il ressentait. Et il en va de même pour les mammouths.

Je me rappelle avoir vu il y a quelques années un dessin humoristique représentant une femme des cavernes debout à côté d'un mammouth qui venait d'être abattu. Elle se disait à elle-même : « Et la semaine suivante, mammouth à la vapeur… Et le mois suivant, soupe de mammouth… » Elle ne se laissait pas décourager par son mammouth, car elle savait qu'elle pouvait le découper en morceaux, en venir à bout petit à petit. (Qui plus est, elle pouvait l'utiliser pour faire quelque chose de bon et de nourrissant, et c'est là un des aspects intéressants des mammouths : une fois maîtrisés, ils peuvent se révéler étonnamment bénéfiques.)

Les mammouths ne sont pas forcément des monstres effrayants, si vous savez comment vous y prendre avec eux. Et c'est ce dont ce livre traite en grande partie : comment votre mammouth est représenté dans votre esprit et comment vous pouvez le considérer sous un nouvel angle pour le rendre plus facile à approcher.

Le message de ce livre est simple et rassurant : *les mammouths n'ont rien d'insurmontable*. Une fois que vous êtes dans le bon état d'esprit, le moyen pratique de prendre le contrôle de votre mammouth est le même que celui utilisé par la femme des cavernes : le découper en morceaux. Ou, comme je préfère le dire, le morceler.

Le morcelage PNL

Le morcelage est un concept qui vient d'une discipline très pragmatique appelée PNL (programmation neurolinguistique), qui désigne le fait de découper quelque chose d'important en éléments plus petits, ou d'ajouter des éléments moins importants pour aboutir à quelque chose de grand. Lorsque je donne des cours ou des séances de coaching, j'utilise souvent les termes « morcelage » et « regroupement » pour évoquer le fait de s'attaquer à un problème par petites étapes successives, ou de construire les choses petit à petit pour aboutir à un résultat important. J'utilise le terme « fragmentation » pour désigner le fait de définir quelle taille doivent avoir pour vous ces éléments, de façon à ce que vous puissiez les appréhender en tant qu'individu. Vous pouvez être naturellement plus à l'aise face à des éléments de petite taille, ou bien de taille plus importante. La fragmentation est l'art de découper son mammouth en morceaux de la grosseur qui vous convient le mieux, ce qui est la clé du succès pour arriver à le dompter.

➔ COMMENT EST NÉE LA PNL

La PNL est apparue aux États-Unis dans les années 1970 et se veut un principe de modélisation des comportements à succès. Les chercheurs ayant mis au point la PNL ont commencé par étudier des individus travaillant dans un domaine particulier, avant de réaliser que leurs découvertes sur l'excellence s'appliquaient à toutes les professions et activités. Ils ont observé que l'excellence dépendait non seulement de ce que les meilleurs accomplissaient, mais aussi de leur manière de penser et de communiquer avec les autres et avec eux-mêmes. Lors de cette étude, les fondateurs de la PNL ont mis en évidence tout un ensemble de processus, de stratégies et de séquences sous-jacents, qui ont été appliqués ensuite pour aider les gens à cultiver l'excellence dans de nombreux domaines comme l'enseignement, les arts du spectacle, l'événementiel...

Les analyses de la PNL portent sur la façon dont interviennent les modes de pensée et les comportements plutôt que sur les domaines d'activité dans lesquels elle intervient, de façon à pouvoir être appliquées à un champ très étendu.

La PNL n'est pas une science théorique : il n'est pas nécessaire de l'aborder en commençant par le début ni de tenter de l'apprendre dans sa totalité. Vous pouvez n'en utiliser qu'une petite partie – comme le morcelage ou la fragmentation.

Les stratégies et concepts de la PNL sont fondés sur ce qui fonctionne à des niveaux en profondeur, et non en surface. Les détails seront différents selon que vous agissez dans une sphère professionnelle ou personnelle, mais les principes et les structures sous-jacents resteront les mêmes, tout comme la structure du corps humain reste la même chez tous les individius, quels que soient leur âge, leur origine, leur histoire physiologique. La PNL se situe donc à un niveau fondamental. Elle offre une grille de lecture de l'activité cérébrale et intellectuelle.

Comment le morcelage peut vous aider

Le morcelage peut devenir un outil indispensable pour améliorer votre vie. Peut-être avez-vous ouvert ce livre en espérant y trouver des solutions pour affronter un mammouth dans votre vie professionnelle. Le morcelage peut vous aider dans votre organisation, vos compétences à faire des interventions publiques, la gestion de vos projets, votre relationnel et vos performances. Si vous cherchez dans ce livre un allié dans la lutte contre des mammouths de votre vie personnelle, le morcelage pourra, là encore, vous être d'un précieux secours. Et les stratégies de fragmentation vous permettront d'optimiser au maximum votre morcelage.

Au fil de votre lecture, vous trouverez des exemples tirés de la vie professionnelle ou personnelle de mes clients. Faut-il que ces exemples correspondent à votre situation pour vous être utiles ? Absolument pas. Vous pouvez puiser des informations très profitables contre un mammouth professionnel en lisant le récit de l'expérience d'une autre personne face à un mammouth personnel (et inversement), parce que les processus sur lesquels reposent ces deux types de mammouth sont les mêmes : votre mode de pensée, ce que vous faites, ce que vous ressentez – et la façon dont chacun de ces éléments interagit avec les autres. Et pour les mêmes raisons, les stratégies de morcelage et de fragmentation que je décris dans ce livre s'appliquent à tous les types de mammouths auxquels vous êtes susceptible de faire face, quels que soient leur nature ou leur contexte.

Comment ce livre va vous aider

Ce livre est un exemple de morcelage en lui-même. Il fractionne la tâche, énorme en apparence, qu'est le domptage de mammouth en une succession de démarches accessibles.

- La première partie vous permettra d'identifier le type de mammouth auquel vous êtes personnellement confronté, à définir *exactement* ce qui vous a empêché de le maîtriser jusqu'à maintenant, à comprendre la façon dont *vous* avancez dans votre vie, et à l'utiliser à votre avantage. Vous y trouverez aussi la liste de tout ce qu'un dompteur de mammouths doit savoir.
- La deuxième partie traite de certains mammouths qui se maîtrisent plus facilement avec une approche par fragmentation :

effectuer certaines tâches, s'acquitter de travaux importants ou de problèmes complexes, se libérer du poids des obligations, et apaiser les mammouths issus du passé.

- La troisième partie aborde l'approche de regroupement pour instaurer de nouvelles habitudes, réaliser des rêves et atteindre des objectifs, et développer la personne que vous aspirez à devenir.

- La quatrième partie vous offre les moyens de perfectionner votre transformation. Vous découvrirez jusqu'où vous pouvez aller en utilisant à la fois vos pics de dynamisme et vos moments naturels de repos, de récupération et de réflexion. Le dernier chapitre propose une synthèse de tous ces petits moments qui suffisent à faire bouger les choses et créent l'impulsion nécessaire pour produire ce que j'appelle des « miracles en vingt minutes ».

Mon parcours et mon expérience

J'ai eu une carrière longue et variée, ce qui m'a permis de travailler avec des personnes très diverses et de puiser dans des savoirs très différents.

Mes débuts comme secrétaire m'ont permis de cerner les défis auxquels sont soumis les cadres moyens au sein des grandes entreprises. Plus récemment, le coaching de chefs d'entreprise dans le milieu des affaires et le secteur public m'a permis de cerner l'importance qu'il y a à comprendre le fonctionnement des entreprises, la façon dont s'organisent les équipes et les qualités nécessaires pour communiquer efficacement avec les autres.

Au cours des années passées en tant que formatrice d'enseignants et de psychothérapeutes, j'ai appris combien il est important d'identifier les composantes de la compréhension humaine et les étapes par lesquelles nous devons passer pour progresser sur le chemin de la connaissance et de l'accomplissement de soi. Par la suite, au cours des quelque vingt années où j'avais mon propre cabinet de psychothérapie, j'ai pu apprécier les vulnérabilités qui se dissimulent même chez les personnes à qui tout semble réussir, ainsi que les tensions et conflits qu'engendrent tous les événements de la vie familiale et sociale. En particulier, le fait de comprendre les processus inconscients d'apprentissage ou encore l'interaction entre le corps et le mental m'a permis d'apprécier à quel point des changements importants peuvent être obtenus lorsqu'on apprend à s'écouter et à travailler en accord avec ses propres rythmes.

Ce livre puise dans la diversité de cette expérience afin de vous apporter des stratégies pratiques pour concrétiser vos projets, aboutir à de vrais accomplissements et faire avancer les choses dans votre vie. Il livre ainsi les secrets du self-management sur lesquels repose le domptage définitif de tous les mammouths, même les plus impressionnants. Au fil de ces pages, je m'attaquerai à certaines idées reçues en vous montrant que gérer des difficultés mammouths, faire face à des défis mammouths et réaliser des objectifs mammouths n'est pas forcément une tâche mammouth et que cela ne doit pas mobiliser énormément d'efforts ni de temps.

Comment utiliser ce livre

Ce livre est une source d'informations qui vous aidera à vous repérer sur un territoire qui n'est autre que vous-même. Il n'est pas nécessaire de le lire du début à la fin, mais vous trouverez sans doute utile de lire la première partie (les bases du domptage des différents mammouths) et la quatrième partie (qui montre comment être encore plus subtil et efficace en travaillant avec votre flux naturel d'énergie et en utilisant de courts instants d'opportunité pour réaliser de vrais miracles de changement).

La deuxième et la troisième partie portent plus spécifiquement sur l'application aux mammouths les plus courants des stratégies clés de domptage et vous permettent de commencer immédiatement à vous attaquer au mammouth particulier qui vous préoccupe.

Pour faire le meilleur usage possible de ce livre, il ne suffira pas de consulter les exercices proposés, mais il faudra aussi les faire. Il vous faudra porter sur vous-même un regard lucide et sans concession, et sans doute accepter l'idée que, de temps à autre, vous avez contribué à maintenir votre mammouth en vie, même si ce n'est pas vous qui l'avez créé. Ce qui est très humain, après tout.

Il n'existe pas de recette miracle pour être ordonné, efficace, avoir le sens du contact ou savoir communiquer. Toutefois, ce livre vous sera une aide précieuse pour comprendre les processus qui peuvent vous aider à remplir ces objectifs. Bon domptage de mammouth !

1

Apprenez à connaître votre mammouth

Chapitre 1

COMMENCEZ PAR REPÉRER VOTRE MAMMOUTH

Une chose qui vous semble insurmontable sera estimée comme une tâche banale voire un jeu d'enfant par quelqu'un d'autre. Parfois, il peut être bon de savoir que tout le monde ne voit pas les choses de la même façon que vous – sauf si cela augmente votre propension à vous dénigrer. Il est important que vous respectiez votre perception des choses : *pour vous*, tel problème est un véritable mammouth. C'est *votre* ressenti, et *votre* impression de la difficulté que cela représente pour vous qui indiquent l'échelle à laquelle vous allez devoir travailler. Et c'est vous qui allez vous y confronter.

Les mammouths nous dépossèdent de notre volonté. Et pas seulement parce qu'ils sont gros. Il y a des aspects pratiques à prendre en compte. Comment et quand commencer à les approcher et à essayer de les maîtriser ? Par quel bout prendre votre mammouth ? Quelle partie de lui vous effraie-t-elle le plus ? Cela va-t-il être très difficile de mettre la bête à terre ? Combien de temps et d'énergie cela va-t-il vous demander ? Et il y a une dernière question, bien souvent cachée derrière toutes les autres : quelles émotions votre mammouth fait-il naître chez vous ? Quels sont les peurs, les espoirs et les souvenirs qu'il transporte sous son énorme carcasse ?

Les idées les plus courantes sur le domptage de mammouths

Une fois que vous avez pris conscience que votre problème, défi ou objectif est en fait un mammouth pour vous, et que vous avez arrêté de culpabiliser, vous voilà en bonne position pour anéantir les idées reçues que vous pouvez avoir sur ce qu'implique le domptage de mammouth. Ces suppositions ont le plus souvent pour effet de faire paraître les mammouths encore plus gros qu'ils le sont. Les combattre peut vous aider à voir votre mammouth (projet, défi, ambition) de façon plus claire et plus juste. Cette démarche a d'ailleurs toutes chances d'être l'amorce d'une fragmentation.

✔ La conception que nous avons des mammouths peut les faire sembler plus gros (ou plus petits) qu'ils le sont réellement.

Quelques mythes répandus sur les mammouths

Mythe : dompter un mammouth est toujours difficile et demande énormément d'énergie.

Réalité : il suffit généralement de relativement peu d'énergie pour dompter un mammouth, si celle-ci est judicieusement utilisée. Comme l'a dit Archimède : « Donnez-moi un levier et un endroit où me tenir debout, et je peux faire bouger le monde. »

Mythe : plus un mammouth est gros, plus il sera difficile de le mettre à terre, et plus de temps ça prendra.

Réalité : votre mammouth est en très grande partie constitué d'émotions : il devient déjà beaucoup plus petit une fois que vous les avez mises à l'écart.

Mythe : les mammouths sont nos ennemis.

Réalité : un mammouth n'est en lui-même ni hostile ni amical.

Une fois éliminés ces mythes encombrants, les mammouths commencent en général à rétrécir et à sembler moins menaçants. Le moment est donc venu d'examiner le vôtre de plus près.

À quel type de mammouth avez-vous affaire ?

Même lorsque deux mammouths se ressemblent, ils sont souvent très différents. Dans ce chapitre, je vais m'appuyer sur l'exemple de deux de mes clients tout en soulignant au fur et à mesure certaines caractéristiques importantes d'identification de mammouth qui pourront vous être utiles.

Ed et Lucy sont tous deux des professionnels de la santé, et ils se trouvent confrontés au même mammouth : faire une synthèse écrite des études de cas qui ont constitué une partie essentielle de leur travail.

Étudiant en médecine, Ed n'a qu'une analyse de cas à décrire pour son examen final. Il passe des heures à penser au patient, aux choix possibles de traitement, à la philosophie sur laquelle repose chacun de ces traitements, et à la façon dont le patient a réagi une fois les traitements commencés. Il lui faut mettre toutes ces observations par écrit de façon claire, logique et professionnelle, le tout avec un nombre de mots limité – au début, Ed se demandait comment il allait pouvoir écrire autant mais voici qu'il redoute de ne pas pouvoir tout dire tant ce calibrage lui paraît serré… Sa table de travail est recouverte de livres et de revues, il a sur son ordinateur plusieurs débuts de documents abandonnés au bout de quelques pages, et la date de remise se rapproche dangereusement. « Je ne vais jamais y arriver, se dit-il, et si je ne suis pas capable de franchir cette étape-là, je ne serai jamais diplômé, aussi compétent que je puisse être pour traiter mes patients. »

Lucy, pour sa part, exerce depuis plusieurs années et doit régulièrement rédiger des descriptions de cas, mais elle ne dispose pas de secrétariat. C'est un très bon médecin, mais une partie trop importante de son temps est occupée à fixer ou décaler des rendez-vous. Rédiger ses compte-rendus passe le plus souvent en dernier, malgré toute sa bonne volonté. Elle doit souvent y travailler le soir ou le week-end, et même si ces heures supplémentaires l'aident à combler un peu son retard, elle trouve que ses rapports pâtissent du délai trop long qui s'est écoulé entre le moment de l'observation et celui de la rédaction. Quand elle relit ses notes au bout de quelque temps, elles lui paraissent incompréhensibles. Lucy commence à perdre confiance en elle : « Comment puis-je vouloir être considérée comme une professionnelle si je ne suis pas capable de faire cette partie élémentaire de mon travail ? se dit-elle. C'est une imposture. »

Ed et Lucy sont-ils confrontés au même type de mammouth ? En fait, non.

Le mammouth d'Ed est d'ordre pratique : il s'agit d'organiser et de présenter un contenu : quels sont les éléments dont il dispose, comment peut-il les agencer, les mettre en ordre et les présenter ? Le mammouth de Lucy *semble* être d'ordre pratique : l'absence de secrétariat, la nécessité de trouver du temps, le fait que d'autre tâches, toutes légitimes, empiètent toutes sur le temps consacré à la prise de notes et à la rédaction de ses comptes-rendus. Mais son mammouth est en réalité d'ordre émotionnel, parce qu'il lui donne le sentiment de ne pas être à la hauteur.

Des problèmes différents appellent des stratégies différentes. Ed devait morceler son mammouth (l'étude de cas finalisée) en un plan structuré, de façon à en ordonner les fragments et à travailler sur chacun d'eux l'un après l'autre. Pour passer outre la façon de penser logique et cartésienne qui le bloque, je lui ai fait faire un brainstorming express de titres de parties de son plan. Il lui a fallu environ vingt minutes pour noter ce qu'il arrivait à trouver (dont quelques idées auxquelles il n'avait pas pensé avant), puis environ le même temps pour trouver dans quel ordre ces points devaient être présentés. Après ça, il ne lui a fallu que quelques heures pour venir à bout de sa rédaction.

Lucy avait besoin de stratégies pour retrouver confiance en elle et réussir à mieux se concentrer et à mieux gérer son temps. Elle devait aussi accepter qu'elle pouvait demander de l'aide sans pour autant se dévaloriser. Nous avons travaillé quelque temps sur ces points et elle a commencé à retrouver plus d'assurance, a trouvé le moyen de se faire aider pour la partie administrative de son travail et a pris l'habitude d'avoir des notes à jour, tout en actualisant les anciennes au fur et à mesure. Parce que son mammouth était complexe et chargé d'émotions, elle a eu besoin de recourir à diverses techniques pour y mettre de l'ordre de façon durable. Il est à peu près sûr que Lucy préfèrera toujours le face-à-face avec ses patients, mais elle a appris qu'avec de l'autovigilance et une attention régulière aux détails, elle pouvait maîtriser aussi un autre champ de son travail. Dans la pratique, il lui faut prêter plus attention à certaines petites choses ponctuelles à sa portée, ce qui lui permet de garder le contrôle sur son mammouth. De plus, le fait d'avoir adopté une nouvelle stratégie « mentale », plaçant la prise de notes comme un élément essentiel de son activité, l'a aidée à changer sa perception de cette tâche, et donc à en surmonter l'apparente difficulté.

Dessinez le profil de votre mammouth

Comme le montrent ces exemples, l'« histoire » de votre mammouth ne suffit pas, à elle seule, à vous permettre de l'identifier avec clairvoyance, ni à le dompter efficacement. Il faut vous demander quels processus il implique et de quelle façon il influe sur votre vie. C'est un peu comme identifier des oiseaux : si un nombre restreint d'entre eux sont identifiables dès le premier coup d'œil à leur forme ou à leur couleur, la plupart se ressemblent beaucoup et exigent une observation minutieuse pour qu'on puisse les identifier. Il en va de même pour les mammouths.

✔ Mieux vous connaissez votre mammouth, plus vous pourrez être efficace à trouver les stratégies pour le surmonter.

Voici une liste de questions qui vous y aideront. Certaines personnes aiment mettre leurs réponses par écrit, tant pour les avoir clairement à l'esprit sur le moment que pour garder un repère qui leur permettra de mesurer leurs progrès à maîtriser leur bête.

1. Votre mammouth est-il une chose qui existe déjà et qui a besoin d'être finalisé, ou bien une chose qui doit être réalisée de bout en bout ?

La meilleure façon de terminer une chose que l'on a commencée est de la fractionner (morceler) et de s'y atteler point par point (dans la seconde partie, vous découvrirez comment appliquer cette technique à différents types de mammouth les plus courants).

2. Votre mammouth est-il lié au passé, au présent ou à l'avenir ?

Vous ne pouvez pas changer ce qui est arrivé dans le passé (j'appelle cela les mammouths « historiques » et vous trouverez comment leur faire face au chapitre 8), mais vous pouvez changer la façon dont vous concevez ou ressentez le passé. Les habitudes comportementales ou émotionnelles qui ont été induites par le passé peuvent être soit enrayées petit à petit, soit délibérément abandonnées au profit de nouvelles et meilleures habitudes. Et les choses qui ne sont pas encore arrivées – que ce soit celles que vous redoutez ou celles que vous souhaitez voir arriver – peuvent être résolues soit par fragmentation soit par regroupement.

3. Votre mammouth est-il simple ou complexe ?

Un mammouth même simple d'apparence peut avoir des caractéristiques dissimulées. Par exemple, les difficultés d'organisation et d'écriture rencontrées par Ed pour rédiger son étude de cas étaient aggravées par son perfectionnisme,qui le poussait à croire qu'il devait y inclure tout ce qui était pertinent. Il a fallu l'aider à déterminer ce qui pouvait être le « seuil minimal de réussite » pour lui, et l'inciter à comprendre et à accepter que viser la perfection peut parfois nous éloigner du but.

4. Votre mammouth est-il d'ordre pratique ou émotionnel ?

Les mammouths sont parfois porteurs d'une charge émotionnelle insoupçonnée. La réticence que l'on peut avoir à effectuer les tâches les plus élémentaires peut être en grande partie due à des sentiments, peurs ou épisodes refoulés ou dissimulés. Une chose qui semble très simple en apparence peut faire l'objet d'un blocage du fait de conséquences que l'on en attend inconsciemment. Ce type de mammouth est analysé au chapitre 2.

5. Votre mammouth est-il spécifique à un domaine de votre vie ou en concerne-t-il plusieurs ?

Pour savoir ce qu'il en est, demandez-vous si tel mammouth professionnel n'est pas aussi présent de façon moins évidente ailleurs. Par exemple, si vous avez peur d'échouer au travail ou que l'on vous juge incompétent sur le plan professionnel, il se peut que cette peur affecte également, dans une certaine mesure, votre vie personnelle, par exemple si vous craignez de n'être pas à la hauteur des attentes de votre famille ou de vos amis.

Les mammouths d'ordre pratique peuvent n'affecter qu'un seul domaine : par exemple, vous trouvez facile de vous concentrer sur votre travail lorsque vous le faites chez vous, mais vous êtes facilement distrait lorsque vous travaillez au bureau. Ou peut-être trouvez-vous plus facile de travailler en compagnie de collègues, mais vous vous laissez facilement distraire lorsque vous êtes à la maison. En faisant ainsi des comparaisons entre diverses situations, on découvre bien souvent ce que l'on appelle, en PNL, « la différence qui fait la différence ». Cette découverte sera peut-être le point de départ qui vous permettra de maîtriser plus efficacement votre mammouth.

Pour en revenir à Ed, son approche perfectionniste s'appliquait à tous les domaines de sa vie. Apprendre à se demander ce qui pourrait être « suffisamment bien » pour lui dans son travail lui a permis d'évaluer également son seuil minimal de satisfaction dans les autres domaines de sa vie – par exemple dans sa vie amoureuse, dans ses loisirs et concernant ses ambitions de vie.

6. Dans quelle mesure votre mammouth vous empêche-t-il d'avancer dans votre vie et d'être heureux ?

Répondre à cette question vous permettra de déterminer le degré exact d'énergie, de temps et de sérénité que votre mammouth engloutit, et vous donnera des pistes pour commencer à retrouver cette énergie, afin que vous puissiez l'utiliser de façon plus productive.

Vous devriez maintenant disposer d'un portrait relativement complet du mammouth qui est le vôtre, et des effets qu'il a sur votre vie. Il vous faut maintenant chercher ce qui vous empêche de vous y attaquer.

Chapitre 2

QU'EST-CE QUI VOUS EMPÊCHE DE DOMPTER VOTRE MAMMOUTH ?

Si vous envisagez depuis très longtemps de vous attaquer à un mammouth sans jamais avoir commencé à le faire, c'est sans doute que *quelque chose vous en empêche activement*.

✔ Votre mammouth n'est pas seulement une tâche à accomplir, mais c'est aussi tout ce qui vous retient de vous y mettre.

Votre mammouth peut toucher à des choses concrètes aussi bien qu'à vos relations avec les autres ou à la façon dont vous vous considérez vous-même. Soyez attentif à des signes comme l'anxiété, la honte ou l'embarras : ils sont généralement un bon indicateur que votre mamouth vous fait perdre bien plus que du temps ou de l'énergie.

Ne vous blâmez pas de ressentir de telles émotions. Au contraire, regardez-les en face une fois pour toutes, avec respect et attention, et demandez-vous vraiment quelles sont leurs causes.

Qu'est-ce qui vous empêche de vous attaquer à votre mammouth ?

Ça peut être une conviction, une crainte, une émotion, ou même ce que vous pensez qui pourrait arriver si vous parvenez à le dompter. Même les réussites ont des conséquences, et faire bouger les choses peut parfois sembler très effrayant. Lorsque vous aurez repéré votre blocage, la marche à suivre devient généralement plus évidente, et même les mammouths les plus imposants et les plus complexes peuvent alors être morcelés en fragments plus accessibles (rôtis et côtelettes).

✔ Lorsque vous vous attaquez à la signification d'un mammouth, le dompter devient tout à coup plus facile.

Tout d'abord, cessez de vous faire la morale sur ce que vous devriez faire, et de vous blâmer de ne pas le faire. Tout le monde est sur la défensive lorsqu'il est mis face à ses torts – même lorsque l'accusateur n'est autre que soi-même ! Il y a toujours de bonnes raisons de mal faire les choses : le moment est venu de trouver quelles sont les vôtres. Endossez le rôle du détective et abandonnez celui du juge.

Quels types de problème pourraient être en cause ?

Il y a plusieurs possibilités. Trouver celles qui vous empêchent d'avancer est la première étape pour commencer à faire bouger les choses.

1. Vous remettez sans cesse à demain le domptage de votre mammouth parce que vous pensez que vous devez être dans le « bon état d'esprit ».

On a tous tendance à penser qu'il faut des conditions bien particulières ou un état d'esprit bien particulier pour commencer à s'attaquer à son mammouth. Peut-être avez-vous l'impression qu'il vous faudrait plus de temps pour vous-même, ou un emploi du temps moins chargé pour pouvoir changer quoi que ce soit. Peut-être pensez-vous que vous devez être serein, ou moins stressé, ou plus courageux avant d'essayer. En fait, ce n'est pas le cas.

Il n'y a pas à attendre le « bon moment » ou une « bonne opportunité ». Un état d'esprit est juste la façon dont on se sent à un moment donné. Donc, par définition, il implique des processus physiologiques et même biologiques. Le fait de changer quoi que ce soit à vos pensées, votre ressenti ou votre comportement a des répercussions sur tout ce qui conditionne votre état. Et un changement mental ou émotionnel peut très facilement être amorcé en effectuant un changement physique.

À ESSAYER

Changez le cours de vos pensées

- Si vous êtes assis, levez-vous et courez sur place pendant une minute.
- Si vous êtes debout, prenez une grande inspiration tout en contractant simultanément tous vos muscles. Puis relâchez complètement.
- Si vous êtes dans un environnement où il n'est pas facile de bouger, regardez devant vous et laissez vos yeux partir dans le vague.

Ensuite, faites une petite chose pour votre mammouth

- Passer un coup de téléphone.

- Envoyer un e-mail.
- Faites une liste ou un schéma d'action (voir « Qu'implique la nouvelle habitude que vous désirez acquérir ? », p. 166-168).
- Si vous avez besoin de vous faire aider, la première des « petites choses » à entreprendre est peut-être de vous demander vers qui, parmi vos collègues, vos amis et votre famille, vous pourriez vous tourner.

2. Vous êtes tellement habitué à votre mammouth que vous n'avez même plus conscience que vous avez le choix de ne plus le subir.

Même les pires situations et les pires habitudes peuvent devenir « confortables », parce que l'on s'y est fait. Vous pouvez par exemple vous être habitué à avoir des rapports déplorables dans votre couple ou avec vos collègues, ou encore vous pouvez avoir pris l'habitude de vous surmener en permanence en en faisant toujours plus que ce que votre organisme peut supporter, comme si c'était votre façon de mener votre vie.

L'habitude face à un sentiment, un schéma ou un comportement peut impliquer que vous ne percevez pas les petites opportunités de changer les choses que vous avez à portée de main – ce que j'appelle les « points de choix »: des moments où vous pourriez prendre une direction différente et meilleure. Imaginez que vous soyez un étranger venu d'une autre planète pour étudier l'étonnant comportement de l'alien que vous êtes ! Porter un regard extérieur sur les émotions et les schémas familiers, et les passer au « microscope mental », est une excellente façon de commencer à démêler ceux qui font partie de votre mammouth ou qui en entretiennent l'existence. Un autoexamen approfondi permet généralement de repérer les points de choix à côté desquels on est passé jusqu'à maintenant.

Dans la vie professionnelle, par exemple, il n'est pas rare de supporter quelque chose ou quelqu'un qui nous agace en se disant que chacun a ses petits travers, qu'il n'y a donc qu'à « souffrir en silence », que tous les métiers ont leurs mauvais côtés, mais « au moins, ça paie le loyer ». Ces réflexions ne sont pas fausses, mais cette façon de penser peut contribuer à entretenir certains mammouths comme le fait de se sentir anxieux, sous-évalué, frustré ou de s'ennuyer sur son lieu de travail. En prenant conscience des choix que vous avez faits jusque-là, il se peut que vous commenciez à découvrir une marge de manœuvre que vous ignoriez avoir. Voici un exemple :

Mon client Chris affirme qu'il n'a « pas vraiment de raison d'en avoir ras-le-bol », hormis le fait qu'il travaille au même poste depuis de nombreuses années et que ça ne le motive plus. Une promotion n'est pas envisageable. Lui et son chef s'agacent mutuellement, donc il est souvent stressé, et pourtant ses conditions de travail sont suffisamment bonnes pour le retenir de démissionner. Comme beaucoup de gens compétents, Chris se rend compte que plus il va se maintenir dans cette situation insatisfaisante, moins il va être impliqué et productif. Il s'y est habitué, et même le fait de s'y être habitué lui est devenu une habitude.

Lorsque j'évoque la question des points de choix et que nous commençons à identifier ceux à côté desquels il est passé, Chris réalise qu'il a sous-estimé un point de choix qui aurait pu lui permettre de faire bouger les choses : il n'a jamais pensé à postuler à un autre type de poste dans son entreprise. Donc il n'a jamais regardé les offres de poste publiées en interne, jamais évoqué cette possibilité avec le DRH, et jamais posé la question à ses collègues d'autres équipes et d'autres services.

Voici un autre exemple très différent et pourtant très courant de la façon dont on peut se laisser enfermer dans des schémas indésirables lorsqu'on ignore les points de choix. Nombreux sont les gens qui essaient tant bien que mal – souvent pendant des années – de perdre du poids. On peut dire sans craindre de se tromper que personne ne se met délibérément en surpoids. Les kilos s'accumulent au fil du temps, par des millions de mini-choix faits au quotidien : des choix sur ce qu'on va manger, ce qu'on va boire, à quelle fréquence, dans quelles quantités, et sur l'exercice physique que l'on choisit ou non de faire. Quelque part en cours de route, le sentiment d'être quelqu'un de gros, l'impression de ne pas y pouvoir grand-chose, la crainte du temps que cela prendrait pour changer, ou la perspective de la privation, tout cela s'accumule pour former un double mammouth conjuguant le surpoids et les tentatives vaines pour en sortir.

J'ai travaillé avec de nombreuses personnes qui voulaient perdre du poids. La complexité des raisons et des habitudes de vie qui aboutissent au surpoids signifie qu'il y a aussi de nombreuses opportunités pour faire de meilleurs choix et prendre une nouvelle direction. Comme le dit Lao Tseu : « Même le plus long voyage commence par un premier pas. »

Identifier vos points de choix peut vous aider à découvrir des jonctions possibles vers des « embranchements » qui pourraient vous mener dans d'autres directions. Beaucoup des gens qui essaient de perdre du poids s'efforcent de manger *moins* souvent, par exemple en sautant le petit déjeuner ou le déjeuner. Or, il a été montré qu'il est nettement préférable de faire cinq mini-repas par jour plutôt que trois gros, car cela permet de garder un taux de glycémie constant, ce qui réduit les risques de manger sans besoin. Les repas du midi et du soir sont d'autres points de choix: vous avez l'occasion d'ajuster les quantités que vous mangez à ce moment-là de façon à créer un équilibre relatif entre ces deux repas.

- Déjeuner léger + dîner copieux: vous avez moins de chances d'éliminer les calories, elles risquent donc davantage d'être converties en gras.

- Déjeuner copieux + dîner plus léger: votre organisme a plus de chances de brûler les calories ingérées dans la journée.

Voici d'autres points de choix pratiques pour une personne qui serait confrontée à un mammouth de type surpoids:

- Sauter ou non le petit déjeuner.

- Manger ou non un croissant ou une barre chocolatée en milieu de matinée, boire ou non plusieurs verres de vin au cours d'un déjeuner d'affaires, se resservir ou non d'un plat.

- Finir les restes des enfants parce qu'il ne faut pas gâcher.

- Utiliser une assiette plus petite pour contrôler les quantités que l'on se sert.

Les schémas mentaux sont souvent si bien ancrés que nous n'avons pas conscience de leur pouvoir à nous bloquer. Tendez l'oreille et écoutez attentivement ce que vous vous dites intérieurement à propos de votre problème. Repérer et modifier les pensées qui sous-tendent vos décisions peut être une première étape vers le changement. Chaque fois que vous vous surprenez à raisonner d'une façon qui maintient en place vos mauvaises habitudes alimentaires, cela vous aide à déceler des points de choix potentiels pour penser différemment, érodant ainsi un des piliers sur lesquels reposent les schémas indésirables.

À ESSAYER

Cherchez les points de choix que vous aurez *aujourd'hui* face à votre mammouth. Quelles décisions prenez-vous – et comment vous les justifiez-vous à vous-même ? Notez-les par écrit. Réfléchissez-y pendant la nuit. Lorsque vous aurez mis en lumière un point de choix, vous trouverez difficile voire impossible de continuez comme vous avez toujours fait – à moins, bien sûr, que vous choisissiez de le faire délibérément !

Continuons de réfléchir à la façon dont des schémas mentaux peuvent entretenir un problème de surpoids persistant. Vous êtes en train de vous dire que vous prendriez bien un en-cas ? Que vous avez bien mérité une petite douceur parce que vous êtes déprimé ou en colère ? Vous avez fait une croix sur la possibilité d'atteindre de nouveau un jour un poids acceptable parce que ça vous semble un objectif inaccessible ? Toute forme d'exercice physique vous semble inenvisageable parce que vous avez de trop longues journées de travail, des enfants qui ont besoin que vous vous occupiez d'eux, et vous vous dites que le peu de temps qu'il vous reste à vous-même est trop précieux pour vous ajouter d'autres corvées encore ? Vous détestez le sport aujourd'hui parce que vous étiez nul en gym quand vous étiez petit ? Interroger toutes ces « justifications » internes courantes peut vous aider à découvrir un point de choix insoupçonné que pourrait être l'amorce d'un nouveau départ. Par exemple, quoi d'autre que de la nourriture pourrait faire office de récompense sans risquer de vous faire grossir ?

3. Il se peut que votre mammouth ait des avantages cachés pour vous ou pour d'autres personnes qui tiennent à vous.

Nous avons tendance à penser que c'est « mal » de ne pas faire les choses lorsqu'on croit que nous devrions les faire. Mais imaginons un moment qu'il y ait des avantages à ne *pas* les faire ? Parfois, ce qu'on gagne à ne pas s'occuper de son mammouth est assez évident – par exemple, laisser le repassage pour un autre jour (ou une autre semaine, ou plus longtemps encore) vous permet sans doute de vous détendre ou de vous occuper à des choses plus intéressantes. Bien souvent, cependant, il y a aussi un avantage caché, et il est bon de se demander ce que ne *pas* faire vous apporte. Voici quelques exemples tirés de la vie de tous les jours.

- Ne pas ranger votre bureau, ne pas trier vos papiers et ne pas traiter vos e-mails vous aide peut-être à éviter le désagréable constat que vous êtes quelqu'un de moins méthodique que vous souhaiteriez l'être dans votre vie professionnelle.

- Ne pas prendre le temps de répondre à une invitation peut indiquer que vous n'avez en fait pas envie de l'accepter : l'avantage, à court terme, est que cela vous évite d'avoir à dire non et de risquer de décevoir.

- Ne pas dire non à une pizza lorsqu'un de vos collègues propose d'aller en commander vous évite de vous faire cataloguer comme intégriste de la nutrition ou comme obsédé des calories.

Une fois que vous avez découvert les avantages cachés qu'il y a à éviter votre mammouth, l'étape suivante consiste à le regarder en face, pour le voir tel qu'il est et tel qu'il pourrait apparaître à un observateur extérieur. Remettez votre point de vue en question.

Voici quelques manières de remettre son point de vue en question sur les exemples donnés ci-dessus :

- Seriez-vous en train de vous fixer des objectifs irréalistes en matière d'organisation concernant l'état de votre bureau ? Comment pourriez-vous déterminer un « seuil minimal de réussite » sur ce terrain ?

- Les amis qui vous invitent ne seront-ils pas moins blessés par un refus de votre part effectué à temps et avec une raison valable (« En fait, ce n'est pas le genre de fête que j'aime ») que par un désistement gêné à la dernière minute ?

- Est-ce si difficile de vous démarquer de vos collègues si cela peut vous permettre d'être en meilleure santé et au final mieux à même de faire votre travail ?

À ESSAYER

Pensez à votre mammouth et demandez-vous comment vous l'entretenez. Pour cela, imaginez-vous en train de convaincre un proche des bénéfices que vous apporte ce fameux mammouth. Cherchez tous les avantages que vous pouvez y trouver, le plus vite possible. N'essayez pas d'être logique. Quelque part dans votre liste, il se peut que vous trouviez le fameux avantage qui vous retient si bien. Au moment où il vous vient à l'esprit ou prend forme au bout de votre stylo, vous aurez sans doute une impression de familiarité : c'est un vieil ami/ennemi, après tout. Si l'avantage en question est vraiment très bénéfique, y a-t-il un moyen dont vous pourriez en profiter sans entretenir votre mammouth ?

Parfois, ce qui est investi dans l'entretien d'un vieux schéma est que le statu quo bénéficie aussi à d'autres personnes qui sont importantes pour vous. Vous avez sans doute raison quand vous supposez que votre chef, votre conjoint ou vos enfants pourraient ne pas y trouver leur compte si vous réussissez à dompter votre mammouth, parce que ça révèlerait une autre facette de vous et que ça ferait de vous une personne différente de celle qu'ils connaissent.

- Une personne qui reprend des études à l'âge adulte, passe un diplôme qui lui permettra d'entamer une nouvelle carrière, ou qui prend le risque d'accepter une promotion qui impliquera de plus longues journées de travail ou plus de responsabilités peut apparaître comme une menace pour son conjoint, qui l'a toujours connue moins qualifiée, moins sûre d'elle, plus disponible et plus dépendante.

- Si vous ne mangez pas plus raisonnablement et que vous restez en surpoids, vous n'aurez pas à vous acheter une nouvelle garde-robe, et cela évitera aux personnes de votre entourage qui se sentent en compétition avec vous de se vexer de vous voir devenir plus séduisant qu'elles.

- Peut-être êtes-vous resté au même poste pendant de longues années sans demander une promotion parce que votre chef semble vraiment beaucoup vous apprécier – il se peut que ça l'arrange bien, car vous lui rendez tellement service !

- Lorsque vous commencerez à vouloir perdre des kilos, vous constaterez peut-être que votre conjoint, vos amis ou votre famille essaieront subrepticement de saboter vos efforts. Ces personnes peuvent se sentir menacées par les changements positifs sur vous qui pourraient en découler : un physique plus séduisant ou un regain d'énergie, par exemple. Tant que ces « avantages » restent cachés, le sabotage furtif continuera et le changement ne sera pas vraiment possible.

- Si vous avez toujours été le pilier dans une équipe, dans votre groupe d'amis ou dans votre couple, vous éprouvez sans doute, au fil du temps, une certaine amertume face à cette situation qui semble acquise et qui vous empêche d'explorer d'autres faces de votre personnalité. Sortir de ce rôle peut sembler un mammouth insurmontable.

Lorsqu'on s'accroche à des habitudes, c'est souvent par crainte de ce qui pourrait découler des changements, et la peur d'aborder le sujet peut elle-même être écrasante. Il faut souvent beaucoup de courage pour parler de vos craintes avec les gens qui semblent tirer un bénéfice de la prospérité de votre mammouth, mais cela ne peut que vous aider à évoluer dans une meilleure direction.

Tout d'abord, vous allez peut-être découvrir que vos « bénéficiaires » supposés ne voient en fait aucune objection à ce que vous changiez. Ensuite, si vraiment ils ont avantage à ce que vous restiez comme vous êtes, vous saurez à quoi vous en tenir et vous serez en meilleure position pour élaborer une stratégie appropriée. Troisièmement, si ces personnes reconnaissent effectivement que le *statu quo* leur est profitable, leur dire que vous avez vraiment envie de changer vous permet d'entamer avec elles un dialogue plus sincère sur ce que chacun de vous a à perdre ou à gagner en faisant bouger les choses.

À ESSAYER

1. Demandez-vous ce que vous avez à gagner en laissant les choses telles qu'elles sont.

2. Trouvez un moment calme pour demander aux personnes de votre entourage quels avantages elles retirent de la situation actuelle.

3. Demandez-leur si elles seraient d'accord pour explorer d'autres voies dans lesquelles vous pourriez tous continuer à tirer les mêmes avantages en cas de changement. Ce que vous cherchez, ce sont des questionnements partagés et des solutions communes : vous avez tous tiré profit de la situation telle qu'elle était, et ce serait bien si vous aviez des intérêts communs à avoir des rapports nouveaux et si possible meilleurs à l'avenir.

4. Vous partez peut-être du principe que vous attaquer à votre mammouth vous confrontera à de l'hostilité ou à des conflits.

Nous faisons tous des suppositions – cela peut être une bonne façon de se simplifier la vie, pour pouvoir agir rapidement sans avoir à penser aux choses dans le détail. Mais il est bon de regarder de temps à autre ces suppositions en face, car il se peut qu'elles soient inexactes et donc qu'elles nous guident sur de fausses pistes.

Ne pas vous autoriser à vous exprimer – taire ce que vous pensez par crainte de ce que pourront penser ou ressentir les autres – peut devenir un mammouth très pénible et très aliénant, généralement constitué de nombreuses petites opportunités non saisies. Avez-vous déjà :

- évité de dire à quelqu'un que ce qu'il fait n'est pas, bien parce que vous pensiez que ça le mettrait en colère, que ça le rendrait agressif ou que vous baisseriez dans son estime ?
- évité de dire ce que vous pensiez vraiment au cours d'une discussion au travail, parce que vous pensiez que vous seriez seul dans votre

camp, parce que vous ne vouliez pas donner l'impression que vous cherchiez à impressionner par votre connaissance du sujet, ou parce que vous alliez au-delà des limites de votre rôle ?

➡ À ESSAYER

Demandez-vous ce qui vous empêche d'être ouvert avec tel partenaire – par exemple avec ce collègue qui vous avait promis de vous aider, puis a « oublié ». Vous pensez peut-être : « Tu es grossier/inattentif/négligent », et il n'est certes pas très judicieux de dire les choses en ces termes. Au lieu de critiquer ouvertement son comportement, vous pourriez court-circuiter sa grossièreté en lui demandant de l'aide de façon claire et directe, par exemple en disant : « Je me demandais si tu aurais un moment pour m'aider – ou vaut-il mieux que je revienne vers toi plus tard, quand tu seras moins occupé ? » (Remarque : cette phrase doit être prononcée sur un ton neutre, pas ironique !)

Dédramatisez la possibilité que vous redoutez en la verbalisant (la conscience de soi a généralement un effet désarmant). « Il se peut que je sois seul dans mon camp, mais je crois que nous avons peut-être laissé de côté quelque chose d'important, et je serais beaucoup plus à l'aise si on avait mis le sujet sur la table. » Ou : « J'ai bien conscience que je ne suis ici que pour faire le compte-rendu de réunion, mais, en écoutant la discussion d'un point de vue extérieur, je dois dire qu'une idée a été très fortement sous-entendue plusieurs fois mais jamais prononcée ouvertement, et cette idée, c'est... »

5. Ne pas vous occuper de votre mammouth semble une idée moins effrayante que d'essayer et d'échouer...

Certaines personnes sabotent inconsciemment leurs chances de dompter leur mammouth, car elles craignent de ne pas y parvenir suffisamment bien, ou même de ne pas y parvenir du tout. Laisser les choses essentielles pour le dernier moment peut permettre de se donner l'excuse qu'on aurait pu mieux faire si on avait eu plus de temps, soulageant ainsi de la crainte que, même avec plus de temps, on n'aurait pas fait aussi bien que ce que l'on espérait.

À ESSAYER

1. Demandez-vous ce qui vous pose vraiment problème. Formulez-le clairement : « J'ai peur de ne pas bien réussir ce projet », par exemple. Ou, s'il s'agit de faire face à un deuil: « Je n'arrive pas à trouver les mots pour dire combien je suis navré et combien il va nous manquer. »

2. Demandez-vous s'il est vraiment préférable d'être considéré comme quelqu'un qui bâcle toujours tout à la dernière minute, plutôt que comme quelqu'un qui a essayé avec toute sa bonne volonté. Rappelez-vous que, là où votre travail aura effectivement ses limites, toute critique n'en sera que plus mise en parallèle avec vos qualités et vous donnera d'autant plus l'occasion d'apprendre et de progresser encore.

3. Exprimez vos condoléances, quelle que soit la façon dont elles vous viennent, parce que la personne qui les reçoit préfère savoir que vous compatissez, même si vous l'exprimez maladroitement, plutôt que de penser que vous êtes indifférent.

6. Votre mammouth repose sur des compromis implicites avec les autres, là où il devrait y avoir des accords clairs et établis en toute conscience.

Un des mammouths les plus répandus dans les rapports humains est celui qui repose sur des accords tacites inopérants. Comment se créent ces mammouths-là ? En général, on sait qu'on devrait dire quelque chose, mais on ne le fait pas, parce qu'on a peur de passer de mauvais moments ou de rencontrer un conflit. Les échanges fondés sur des arrangements implicites sont rarement évoqués, et on ne sait donc pas très clairement ce qui est échangé et contre quoi, et encore moins quelles pourraient être les « pénalités » si l'on tente de mettre l'autre personne à l'épreuve en ne remplissant pas sa part du « contrat », ou en demandant à changer cet accord du tout au tout.

Par exemple : « J'emmène tes enfants à l'école le lundi si tu me gardes les miens après l'école le jeudi » est un accord clairement énoncé, mais les suivants le sont beaucoup moins : « Elle nous a dit qu'elle nous aiderait pour le transport si on faisait les gâteaux », ou : « Je consacre des heures à l'aider avec sa paperasse, mais quand je lui ai demandé de me remplacer à une réunion importante parce que j'avais la grippe, il a dit qu'il n'avait pas le temps. » Ces exemples d'échange contractuel étaient par avance voués à l'échec, parce qu'ils n'ont jamais été clairement énoncés au départ : une vague impression que quelqu'un « vous doit » quelque chose ne constitue pas un contrat à proprement parler.

Souvent, la personne qui a l'impression d'être perdante dans l'échange en question croit aussi qu'elle ne peut pas mettre le sujet sur le tapis, parce qu'elle a peur de bousculer les conventions sociales : si vous critiquez la mère d'un copain de votre enfant, peut-être refusera-t-elle par la suite de continuer à faire des trajets pour vous. Ou qu'elle empêchera son enfant de voir le vôtre. Ou qu'elle refusera de garder votre enfant en échange d'un coup de main pour préparer la fête de l'école. Sans parler de cette semaine de vacances que vous aviez projetée ensemble… Si vous mettez votre collègue de bureau à contribution, est-ce qu'il se désistera pour cette réunion où son expertise pourrait vraiment vous être utile ? L'incident sera-t-il rapporté de façon déformée à votre chef à qui l'on dira que vous essayez de faire faire votre travail par les autres, et cela se retournera-t-il contre vous lorsque viendra la possibilité de cette promotion que vous attendez ?

Certains échanges semblent fonctionner (ou perdurer) sur la base de bon nombre d'arrangements implicites. Proposer à des personnes de sa famille des réductions ou des produits en échange d'un peu de travail bénévole dans son entreprise paraît être un bon accord, mais quels produits, dans quelle quantité, et en échange de combien d'heures de travail ? Et que se passe-t-il si l'une ou l'autre partie a l'impression que le contrat n'est pas très équitable ?

À ESSAYER

1. Formulez clairement pour vous-même – de préférence par écrit – les termes de l'échange (en cours ou en projet) tels que vous les comprenez.

2. Si vous avez l'impression que ça ne fonctionne pas et que vous êtes la partie lésée, demandez-vous honnêtement si l'autre personne peut avoir compris l'arrangement différemment. Si vous êtes accusé d'avoir des torts, demandez-vous comment le malentendu s'est formé. Quelles étaient vos suppositions ? Quelles étaient les suppositions de l'autre personne ? Quels points sont restés obscurs, et n'est-ce pas cela qui constitue le sujet de désaccord entre vous ? Qu'est-ce qui a été dit exactement, et qu'est-ce qui n'a pas été dit au moment où l'accord a été évoqué la première fois?

3. Une fois que vous avez clairement à l'esprit ce que vous pensez être les termes du contrat, vous pouvez montrer à l'autre personne votre résumé écrit de ce contrat. Si vous voulez que l'arrangement continue, dites-le et demandez à votre interlocuteur de vous aider à établir

des garanties qui vous aideront tous les deux à mieux le gérer à l'avenir. Soyez précis. Évitez les mots abstraits et les expressions comme « fiable », « régulier », « serviable ». Ces mots ont besoin d'être précisés : qu'est-ce que l'autre doit faire ou ne pas faire pour se montrer fiable à vos yeux ? À quelle fréquence et pour quelle durée quelqu'un doit-il faire quelque chose pour que ce soit « régulier » pour vous ? Donc, soyez aussi clair que possible sur les détails.

4. Mettez le nouvel arrangement par écrit – quelle que soit l'autre personne impliquée et le degré de formalité de vos relations. Demandez-lui si c'est comme ça qu'elle le comprend aussi. Sinon, quels sont les points de désaccord ?

5. Définissez ensemble ce qui se passera si l'un ou l'autre ne remplit pas sa part du contrat. Par exemple : « Si tu décommandes au dernier moment, tu devras payer ta part quand même », ou : « Demande aux autres de se charger du compte-rendu si tu penses que tu n'auras pas le temps de le faire. »

Trouver ce qui vous empêche de vous attaquer à votre mammouth nécessite un dialogue honnête – et parfois douloureux – avec soi-même. C'est la seule façon d'établir des bases fermes à partir desquelles évoluer individuellement ou négocier avec les autres. Débarrasser votre mammouth de l'enveloppe d'idées reçues et de doute qui l'entoure, sans que vous en soyez conscient, peut suffire à le rendre moins impressionnant.

✔ Respectez ce qui vous bloque et explorez-le jusqu'au bout : c'est peut-être ce qui vous donnera pile l'information dont vous avez besoin pour avancer.

Lorsque vous aurez réussi à identifier ce qui vous retient de commencer le domptage de votre mammouth, vous serez en bonne position pour déterminer vos atouts et les qualités que vous avez en vous pour vous y attaquer. C'est ce que nous allons aborder au chapitre suivant.

Chapitre 3

QUEL DOMPTEUR DE MAMMOUTH ÊTES-VOUS ?

Maintenant que vous savez ce qui vous a empêché de vous occuper de votre mammouth, vous allez pouvoir passer à l'action. Mais il y a de nombreuses manières d'arriver à venir à bout d'un mammouth : quelle sera la vôtre ?

Dans ce chapitre, je vais aborder deux aspects essentiels de votre personnalité : votre énergie et la dimension des tâches ou problèmes qui vous convient généralement (c'est-à-dire celle qui vous permet de les traiter le plus facilement.)

1. Le type d'énergie que vous avez sur un laps de temps donné

Le PDG d'une entreprise florissante demande à un coach de l'aider à organiser sa succession, car il souhaite passer de moins en moins de temps au travail, tout en s'assurant que les affaires sont bien gérée et continuent à se développer. En plus de leurs entretiens en tête à tête, le coach passe du temps à suivre le PDG dans ses activités pour voir comment il a l'habitude de procéder et pour se faire une idée de ce que l'entreprise risquerait de perdre au départ de ce dirigeant. Bien vite, il lui apparaît que les points forts du PDG sont un grand sens du contact lors d'interactions brèves et improvisées, et unc perception intuitive et rapide des idées et des opportunités, ce qui explique pourquoi il a tant de mal à organiser sa succession. Dans l'action, on peut dire de lui que c'est un « sprinter » : il n'a, en fait, pas d'objectif spécifique à long terme pour l'entreprise et s'appuie sur ses collègues pour élaborer des stratégies à moyen terme.

2. La façon dont vous abordez le problème dans votre tête : regardez-vous d'abord les détails ou l'ensemble ?

Une de mes clientes, responsable financière dans une entreprise de services médicaux, trouvait qu'un de ses coéquipiers n'était pas assez performant : il semblait incapable de garder des objectifs généraux à l'esprit et « se perdait sans cesse dans les détails ». Ce n'est que lorsque j'ai commencé à lui exposer les différences de préférence naturelle pour des « tailles de fragments » propre à chacun qu'elle a compris qu'elle avait attendu d'une personne faite pour aller vers le détail qu'elle adopte un point de vue d'ensemble, qui n'était pas dans sa nature. « Pas étonnant qu'il ait du mal », a-t-elle dit.

Le mammouth à l'origine de ce livre

L'idée de ce livre m'est venue lorsque mon mari Leo et moi avons dû faire face à un mammouth : ranger le garage.

« Réservons deux ou trois jours dans l'agenda pour le faire », répétait Leo. Et dès que j'entendais « deux ou trois jours », je sentais l'angoisse monter en moi. Au début, j'évitais de répondre. Puis j'ai dit que je n'aurais jamais tout ce temps-là à y consacrer.

En y réfléchissant, j'ai compris que, tandis que Leo aime faire les choses d'une seule traite et jusqu'au bout, je préfère travailler par à-coups ponctuels. Quand il était jeune homme, Leo était coureur de demi-fond : il avait une bonne endurance, mais pas beaucoup de variété de vitesse. Personnellement, j'ai tendance à faire ce que je fais à fond, mais je suis rapidement à cours d'énergie. Comment allions-nous faire pour travailler ensemble ? Finalement, j'ai dit : « Je n'arrive pas à me résoudre à faire ça plusieurs jours de suite, par contre je veux bien y consacrer vingt minutes – tout de suite ! »

Cela nous a donné une structure qui s'est avérée très efficace. En fait, chaque séance durait plus longtemps que les vingt minutes que j'avais accepté d'y consacrer, mais procéder par petits bouts nous a permis de réaliser que, si nous voulions travailler ensemble efficacement, il fallait le faire à des intervalles précis. Lui et moi formions une équipe dans laquelle chacun possède différents types d'énergie et de rapport au temps. Sans que l'une ou l'autre approche soit « mieux » ou « moins bien » : il nous fallait seulement accorder notre fonctionnement à nos tempéraments.

✔ Faites au mieux avec ce que vous êtes.

Nous avons ainsi pu identifier des petites tâches gérables en peu de temps et qui toutes, les unes après les autres, contribuaient à l'objectif plus large qui était de ranger le garage. Trier les bottes, les outils, déblayer la montagne de sacs plastiques, le matériel de cyclisme, les rallonges électriques… vous voyez le principe. Certaines choses étaient évacuées, d'autres étaient données – le principe était de remplir le coffre de la voiture pour faire de la place le rapidement possible. Chaque chargement emporté à la déchetterie ou aux œuvres de charité nous donnait un sentiment de satisfaction.

Il est important de se féliciter des tâches accomplies. Si vous morcelez votre mammouth en portions adaptées à votre tempérament, chacune doit vous donner un sentiment bienheureux d'accomplissement.

Nous avons réutilisé la même méthode quelque temps plus tard lorsque nous avons décidé de repeindre la cuisine. L'approche plus large, qui est celle de Leo, aurait consisté à tout dégager – pas seulement les meubles et les équipements fonctionnels, mais aussi les décorations sur les murs, les étagères et les plans de travail. Rien que d'y penser, je me sentais faiblir. En revanche, ce qui me semblait plus réalisable, c'était de procéder par étapes en rassemblant tout près d'un mur pour peindre la zone ainsi dégagée, de même que la portion de plafond correspondante, avant de passer à la suivante. Au final, il ne nous a fallu que quelques séances pour nettoyer, repeindre et ranger la cuisine dans son entier, le tout sans aucun stress.

Utilisez votre tempérament de façon optimale

Une fois que vous connaissez *votre style à vous* et que vous savez comment il fonctionne, vous êtes déjà mieux placé pour l'utiliser de façon optimale et pour contribuer aussi efficacement que possible à exécuter des tâches mammouths et à atteindre des objectifs mammouths, dans votre vie professionnelle comme dans votre vie personnelle. De la même façon, si vous reconnaissez et savez apprécier le style personnel d'une personne lorsqu'il est différent du vôtre, vous trouverez plus facile de travailler avec cette personne sur les mammouths que vous rencontrez ensemble.

Pensez quelques instants aux véritables dompteurs d'animaux. Ils ne se ressemblent pas tous, même s'ils font le même métier. Il y a sans doute des points clés que la plupart d'entre eux ont en commun (par exemple, de l'autorité, de l'assurance ou une façon claire de s'exprimer), et d'autres choses qu'ils doivent tous faire (comme rentrer en contact avec l'animal à dompter et créer avec lui une relation dans laquelle les rôles et les attentes sont clairs pour chacun), mais il y a aussi forcément des différences significatives entre eux. Certains dompteurs sont flamboyants, d'autres évitent de faire montre de leur ego ; certains sont dominants, d'autre sont plus enclins à négocier ; certains sont plus doux, d'autres plus sévères. Ces différences d'approche sont imputables à leur personnalité et à leur tempérament. Il faut distinguer les *processus* mis en œuvre pour rentrer en contact avec un fauve et le dompter, et le *style* individuel de chaque dompteur pour utiliser ces processus. Il ne faut pas essayer de devenir quelqu'un d'autre que celui que vous êtes : aller « contre votre nature » ne ferait qu'ajouter à vos difficultés et serait, quasiment à coup sûr, voué à l'échec.

Votre « juste cadence »

Si vous étiez coureur sportif, seriez-vous meilleur en sprint ou sur les longues distances? Même si vous ne pratiquez pas la course à pied, pensez à l'*énergie* que vous mettez dans ce que vous faites et à l'*endurance* que vous avez.

Certaines personnes régulent naturellement leur rythme de façon à pouvoir continuer à faire ce qu'elles font plusieurs heures de suite. Ce sont les *coureurs de fond* de la vie de tous les jours. Lorsqu'il s'agit de s'attaquer à un mammouth, elles ne sont pas effrayées par le temps que ça pourrait leur prendre, et elles s'y attèlent généralement avec une énergie modérée mais soutenue. Même si leur façon de faire les choses « tranquillement mais sûrement » peut provoquer l'impatience de leur famille et collègues, elles finissent en général par venir à bout de ce qu'elles entreprennent. D'autres, les *coureurs de demi-fond*, sont plus flexibles dans leur manière de concilier vitesse et endurance : ils vont à une allure modulable, alliant des moments de rythme et d'énergie modérés et des pics d'activité plus dynamique et plus rapide pour finir dans les temps. Enfin, d'autres sont des *sprinters* : ils fonctionnent mieux par à-coups très dynamiques et de grande concentration sur des laps de temps très courts. L'inconvénient de ce type de tempérament est qu'ils ont plus de difficulté à gérer les tâches qui ne peuvent pas être effectuées en une seule fois ou dans la rapidité.

Nous avons tous à apprendre les uns de autres, et nous pouvons tous adapter notre style ; mais chacun trouvera toujours plus facile de faire « à sa manière ». Les tâches complexes nécessitant un travail en équipe et une organisation commune ont toutes les chances d'impliquer des compromis entre différentes approches, mais les personnes qui gèrent une équipe attribuent le plus souvent des tâches aux gens en fonction de leurs connaissances et de leur expérience au lieu de prendre en compte la façon dont ils utilisent naturellement leur énergie.

Que se passe-t-il si le dompteur ne tient pas compte de son tempérament naturel en approchant le mammouth qui le préoccupe ? Mon amie Jan Pye, qui est également coach, a appelé une de ses connaissances au moment où cette personne se préparait à accueillir des invités. En plus de ranger la maison et de préparer les lits, elle s'était mis en tête de faire tous les carreaux. « Ça, c'est une tâche de fond, a dit Jan, mais as-tu un tempérament de coureur de fond ? » Il y eut une pause, puis cette réponse : « Je ne crois pas. À vrai dire, j'ai plutôt un tempérament de sprinter. »

Afin de mieux harmoniser l'approche de cette femme avec la tâche mammouth qu'elle s'était fixée (elle n'en démordait pas), Jan lui a conseillé de ne faire les carreaux que dans une pièce à la fois, en intercalant avec une autre activité, pour créer de la diversité et lui permettre de reprendre de l'énergie. Jan lui a ainsi montré une façon de surmonter ce mammouth qui soit en accord avec son tempérament naturel.

Par définition, les tâches et projets mammouths semblent énormes à la personne qui les entreprend : cette énormité effraie moins les coureurs de fond que les sprinters, mais il est possible que les coureurs de fond passent plus de temps que nécessaire pour en venir à bout, simplement parce qu'ils sont habitués à travailler lentement mais sûrement. En approchant son mammouth, un sprinter peut facilement se laisser décourager s'il manque de temps, d'énergie ou de motivation, et peut abandonner, alors qu'une série de petits à-coups dynamiques lui aurait permis d'y arriver.

✔ Il n'existe pas d'approche parfaite.

Sprinters, coureurs de fond et de demi-fond peuvent tous utiliser leur tempérament naturel pour dompter efficacement leurs mammouths, mais toutes les approches ne fonctionnent pas avec tous les mammouths. En reconnaissant votre style à vous, vous pouvez commencer à découvrir son efficacité sur le mammouth auquel vous avez affaire. Si l'adéquation n'est pas optimale, vous aurez une meilleure idée de l'aide dont vous pouvez avoir besoin et des personnes à qui vous allez la demander. Par exemple, l'une des décisions que le PDG dont j'ai parlé plus haut a réalisé avoir déjà prise était d'intégrer des coureurs de fond et de demi-fond dans son équipe. Intuitivement, il savait ce qui lui manquait. Ces personnes venaient compléter ses capacités de sprinter par leurs perspectives à plus long terme. En engageant un coach, il suivait une nouvelle fois son instinct profond de façon à acquérir efficacement une vision à plus long terme.

Pour ma cliente directrice financière, prendre la mesure du manque d'adéquation entre son coéquipier et les tâches qu'elle lui attribuait a été le début d'une redistribution des rôles, qui a permis de faire un meilleur usage des capacités de plusieurs personnes.

Si vous travaillez seul, essayez de parler de votre sujet de préoccupation avec un collègue, un ami ou un membre de votre famille, qui pourrait vous apporter une perspective différente et vous aider à trouver une nouvelle façon de considérer les choses, ou une stratégie plus efficace pour aller de l'avant.

À ESSAYER

Diagnostic : quelle est votre juste cadence ?

Le sprinter

- Êtes-vous quelqu'un qui se lasse facilement ?
- Aimez-vous passer d'une chose à une autre ?
- Aimez-vous faire les choses comme le ménage ou le jardinage de façon improvisée, une tâche vous menant à la suivante, juste parce qu'il se trouve qu'elle est à l'endroit où vous avez terminé la précédente ?
- Avez-vous du mal à adopter une vision à moyen terme et à imaginer ce que vous ferez dans plus longtemps que deux ou trois ans ?
- Avez-vous du mal à adopter une vision à long terme et à imaginer ce que vous serez et où vous serez dans cinq ou dix ans ?

• Avez-vous tendance à manquer de patience avec les gens qui pensent ou agissent plus lentement que vous ?

• Avez-vous une énergie très vive, mais qui s'épuise rapidement ?

Si vous avez répondu « oui » à la majorité de ces questions, vous êtes probablement un sprinter, et vous parviendrez mieux à arriver à bout de ce que vous entreprenez si vous morcelez vos tâches en sprints, que vous pouvez effectuer un par un.

Le coureur de fond

• Tirez-vous de la satisfaction du fait de pouvoir vous concentrer sur une seule chose à la fois ?

• Cela vous agace-t-il lorsque vous êtes interrompu au milieu de quelque chose ?

• Cela vous est-il facile de faire des projets à long terme et de vous y conformer ?

• Vous faites-vous une fierté d'être quelqu'un qui avance lentement mais sûrement ?

• Avez-vous tendance à penser que les gens qui font les choses vite sont sans doute brouillons ?

• Trouvez-vous naturel de réfléchir et de planifier les choses à long terme – à dix ans voire à plus ?

• Arrivez-vous à effectuer la même tâche relativement longtemps sans vous interrompre ?

• Trouvez-vous difficile de vous dépêcher dans les situations d'urgence ou de délai court ?

Si vous avez répondu « oui » à la majorité de ces questions, vous êtes probablement un coureur de fond, et vous allez devoir faire avec les conditions dans lesquelles vous vous trouvez afin de pouvoir vous accorder suffisamment de temps et d'espace pour vous consacrer pleinement à votre tâche et avancer efficacement.

Le coureur demi-fond

• Arrivez-vous à moduler votre rythme de travail de façon à vous adapter sans trop de difficulté lorsque c'est nécessaire ?

• Aimez-vous commencer une chose lentement et minutieusement et n'accélérer qu'une fois que vous avez pris votre vitesse de croisière ou que vous arrivez vers la fin ?

• Une fois que vous avez trouvé votre rythme, arrivez-vous à le maintenir ?

• Feriez-vous sans difficulté des projets à cinq ou dix ans ?

• Arrivez-vous à gérer des travaux aux délais et degrés d'urgence différents en même temps ?

Si vous avez répondu « oui » à la majorité de ces questions, il se peut que vous soyez un coureur de demi-fond. Cela a des avantages, car vous savez vous adapter, mais cette flexibilité peut parfois impliquer que vous perdiez votre concentration, votre énergie et votre motivation si d'autres demandes pèsent sur vous en même temps.

Votre mammouth, vous le mangez par petites ou par grosses bouchées ?

Morceler les choses fait partie de la vie. On ne peut « digérer » qu'une certaine quantité de choses à la fois, qu'il s'agisse d'un projet, d'un problème ou d'un volume d'informations. En anglais, on parle aussi de *sound-bite*, littéralement « bouchée de mots »: un résumé percutant qui repose sur la concision pour toucher le plus grand nombre possible dans les médias. Si la bouchée d'informations était trop grosse, elle n'aurait plus le même impact.

La taille de chaque bouchée ne tient pas seulement au volume d'informations qu'elle contient, mais plutôt à son degré de généralisation ou de détail. Tout comme chacun a sa « cadence » naturelle, nous avons tous également une « taille de morceaux » qui nous convient mieux : certains aiment commencer par quelque chose de général, ou par travailler à partir d'une vue d'ensemble, tandis que d'autres préfèrent s'attaquer aux détails, et parfois même y rester. Ces préférences naturelles doivent être prises en compte lorsqu'on s'attaque à un mammouth, quelle qu'en soit la nature.

Vos préférences de morcelage se conjuguent avec l'énergie dont vous disposez et votre capacité d'endurance de façon à définir votre fonctionnement individuel. Il ne s'agit pas d'une simple équation ou d'un simple ajout entre votre type de cadence et votre type de morcelage, mais plutôt d'une interaction subtile qui définit votre approche et votre motivation.

Une jeune femme de notre connaissance s'intéressait aux animaux depuis sa plus tendre enfance et avait toujours voulu être vétérinaire – un projet de longue date qui impliquait de passer son baccalauréat, de faire de longues années d'études, avec des stages en ferme et en clinique vétérinaire sur le temps des vacances scolaires. Nous l'avons soutenue tout au long de sa démarche, confiants dans l'idée qu'elle pouvait se construire ainsi la carrière de toute une vie. Elle avait un tempérament de coureuse de fond, avec une vision d'ensemble de son avenir qui l'a aidée à mieux gérer les plus petites « bouchées » de difficultés qu'elle devait surmonter pour concrétiser son projet.

Une personne dotée d'un tempérament de sprinter aurait très bien pu atteindre cet objectif, mais elle aurait sans doute vu les obstacles qui jonchaient le chemin de projet mammouth comme des épreuves séparées les unes des autres, à surmonter une par une.

Lorsque j'ai commencé à rédiger ma thèse de philo, j'étais impressionnée à l'idée de devoir écrire 80 000 mots sur le thème que je m'étais choisi, avec les 90 interviews que j'avais faites sur 18 mois. J'ai fini par y arriver en divisant le travail en petites portions plus abordables pour moi, ce qui impliquait de faire un plan, puis de me fixer un objectif par semaine. Cela correspondait mieux à ma manière de fonctionner.

Qu'est-ce qui a le mieux fonctionné pour vous jusqu'ici ?

En lisant ces pages, vous vous êtes sans doute reconnu soit comme une personne à l'approche globale fonctionnant par grosses « bouchées », soit comme une personne à l'approche dans le détail fonctionnant par petites « bouchées ». Votre expérience à l'école, pendant vos études, au travail ou à la maison, peut vous en avoir donné des preuves. Peut-être commencez-vous également à cerner les avantages et les inconvénients de chacune de ces approches.

Votre approche naturelle des choses influe sur la façon dont vous voyez votre mammouth – soit comme une énorme entité très impressionnante (grosses bouchées, vue d'ensemble), soit comme une série de choses à faire, d'obstacles à surmonter et d'épreuves à passer (petites bouchées, vue détaillée). Pour réussir à en venir à bout, il est nécessaire de combiner les deux approches : il va vous falloir adopter une vue d'ensemble de ce que vous voulez accomplir, puis créer une stratégie détaillée pour y arriver. Ce livre est là pour vous y aider.

Voici donc venu le moment d'explorer la réalité en fouillant votre histoire, les moments où vous avez réussi à surmonter vos mammouths et les moments où vous n'y êtes pas arrivé. En comparant les descriptions que j'ai faites avec la réalité de votre expérience, vous arriverez à acquérir une conception plus profonde de vous-même (et des autres), et cela vous montrera quelles conversations et quelles interrogations vous permettraient d'obtenir des détails ou de nouvelles réponses aux questions qui vous préoccupent.

À la lumière de ce que vous savez maintenant, que pouvez-vous déduire de la façon dont vous avez géré vos mammouths dans le passé pour vous permettre de mieux les maîtriser dans l'avenir ? Par exemple, quel rôle a joué votre énergie, votre capacité d'endurance et votre approche naturelle (globale ou détaillées) dans la façon dont vous y êtes parvenu ?

Un travail d'équipe

Dompter son mammouth à sa façon n'est pas si difficile quand on y travaille seul, mais qu'en est-il de ces moments où on doit œuvrer avec d'autres, dont le style est différent du nôtre ? Ces situations se retrouvent dans la vie privée comme dans la vie professionnelle. Bien souvent, les groupe de travail sont appelés « équipe », mais, dans la pratique, il arrive souvent que ceux qui les composent travaillent *en parallèle* plutôt que vraiment *ensemble*.

✔ Une véritable équipe est un groupe dont les membres font converger leurs compétences et leurs tempéraments pour travailler sur un même projet ou une même tâche.

Le secret du travail en équipe – et gardez à l'esprit qu'une famille ou un groupe d'amis peuvent aussi être une équipe – est de tirer le meilleur parti des différents styles et différentes approches de chacun, de façon à utiliser de façon optimale leurs tempéraments respectifs pour contribuer à faire avancer le travail commun. Si vous êtes cadre, essayez de cerner les caractéristiques des tempéraments de chacun de vos collègues de façon à les placer là où ils pourront les utiliser au mieux pour l'équipe. Les sprinters seront très efficaces en tant que chefs de projet, donnant à ceux qui ont tendance à prendre leur temps un sursaut de motivation et contribuant ainsi à ce que les choses avancent dans les temps. Les coureurs de fond resteront dans la course en travaillant à une allure tranquille et régulière.

Parlez ouvertement avec votre équipe des avantages et des inconvénients de leurs différentes approches. Mettez chacun d'entre eux, en fonction de leur style, à des postes où leurs qualités seront utilisées au mieux. Essayez de les aider à comprendre les atouts qu'ils peuvent apporter au projet et à apprécier la valeur des approches qui sont différentes de la leur. De cette façon, vous apporterez de la reconnaissance à tout le monde, vous couperez court à l'impatience qu'ils éprouvent les uns envers les autres, du fait de leur façon de fonctionner, et vous générerez plus de coopération. Que votre mammouth soit l'organisation des vacances en famille pour en faire un agréable moment, la mise en place d'une nouvelle organisation au travail, la réalisation d'un projet ou l'amélioration de l'efficacité de votre service, si vous travaillez dans une équipe où le style de chacun est utilisé à bon escient, vous le dompterez plus vite, de façon plus harmonieuse, et, à terme, de façon plus satisfaisante.

À ESSAYER

Même si votre projet est relativement modeste et banal (par exemple, déterminer ce que vous et les autres membres de votre famille voulez faire ce week-end et comment vous allez arriver à tout concilier, ou organiser une réunion au travail), essayez de commencer par dire quelque chose comme : « Comme tu es quelqu'un de plutôt persévérant, pourquoi ne ferais-tu pas telle chose ? Comme je suis plutôt quelqu'un d'impulsif, je vais faire ceci et cela, et voyons comment les choses ont avancé un peu plus tard. »

Plus vous et les autres membres de l'équipe vous habituerez à penser de cette façon en abordant des petits mammouths, plus les choses seront faciles pour tout le monde lorsque vous aurez à vous attaquer à un plus gros spécimen.

Maintenant que vous avez réfléchi à la nature de votre mammouth, à ce qui vous a empêché de vous y attaquer jusqu'ici et à ce qui vous caractérise dans votre style en tant que dompteur de mammouth, vous avez des bases solides pour commencer.

La PNL nous a appris que les personnes efficaces, tous domaines confondus, ont tendance à utiliser des stratégies similaires pour parvenir à ce qu'elles visent. Vous ne serez donc pas étonné d'apprendre que, s'il existe une grande diversité de mammouths, il n'est pas nécessaire pour autant d'élaborer des stratégies de domptage spécifique à chaque espèce de mammouth. Le prochain chapitre répertorie les outils de base du dompteur de mammouths, qui vous seront utiles face aux pachidermes de toutes sortes et de tous gabarits que vous pourrez croiser sur votre chemin.

Chapitre 4

DES STRATÉGIES SIMPLES POUR DOMPTEURS DE MAMMOUTHS

L'acronyme Kiss, qui veut dire « Keep it simple stupid » (« Faites simple et bête »), a été inventé par l'ingénieur en charge des équipes de la firme aérospatiale Lockheed Martin pour guider les concepteurs dans leur travail. Il voulait qu'ils gardent à l'esprit deux choses essentielles : tout d'abord, que les avions qu'ils concevaient, comme toutes les machines, tomberaient inévitablement en panne un jour ; ensuite que, ce jour-là, il faudrait qu'ils puissent être réparés avec des outils et des connaissances ultrabasiques en mécanique. C'est donc la simplicité de leur conception qui fut la recette de leur succès. (À ce propos, « bête » signifiait simplement que ces engins devaient être le contraire d'un casse-tête.)

La simplicité est toujours préférable dans la mesure où elle laisse moins de place à l'erreur, donc à l'accident, et, quand accident il y a, il est alors plus facile de comprendre où est le problème. Les consignes ou les principes simples sont également plus faciles à mémoriser.

Dompter un mammouth est une tâche ardue – vous le savez, puisque vous avez déjà essayé. Pas besoin d'avoir en plus à se rappeler tout un ensemble d'instructions compliquées. Ce chapitre a pour objectif de réunir quelques principes simples sur lesquels vous appuyer pour vous attaquer à *tous* les types de mammouth. Ces principes sont organisés en trois catégories :

- Vos règles de base.
- Votre mode de pensée.
- Votre tactique.

Vos règles de base

Avant de commencer à vous attaquer à votre mammouth, vous devez savoir exactement d'où vous partez au moment où vous le faites. En déterminant la cause exacte de vos problèmes, en évaluant les ressources que vous pouvez mettre à contribution, vous allez pouvoir définir à l'avance les tactiques qui pourraient vous aider à mettre en œuvre une stratégie générale et à mieux suivre l'avancée de vos progrès.

✔ Le temps passé en réflexion et en anticipation n'est jamais du temps perdu.

Regardez les choses en face

Si, comme l'un de mes clients qui travaille dans le secteur bancaire, vous êtes au milieu d'une pagaille sans nom, le point de départ est quelque chose comme ce que j'ai commencé par lui dire : « Ok, vous êtes dans la merde. Comment va-t-on vous en sortir ? »

Lorsque ça arrive, même si ça semble déprimant sur le moment, c'est en fait le point de départ le plus sûr pour prendre le contrôle de votre mammouth.

Cela peut valoir la peine de prendre le temps de faire le bilan de la situation en détail : faire des petits changements à des niveaux modestes, c'est peu mais c'est réalisable, économique en effort et souvent suffisant pour déclencher un effet de cascade du changement dans la bonne direction.

Essayez de mettre de côté tout sentiment de ne pas être à la hauteur, ainsi que les émotions négatives comme la culpabilité. Votre énergie sera mieux utilisée si vous la consacrez à aller de l'avant.

Demandez-vous ce que vous voulez vraiment

Ayez clairement à l'esprit ce qui se passerait si vous arriviez à dompter votre mammouth. Que vous procédiez par fragmentation ou par regroupement, il est indispensable que vous sachiez vers quoi vous allez. Tout désaccord avec vous-même que vous pourrez éprouver à ce stade peut être source d'informations utiles (voir le chapitre 2) et doit être enregistré et traité comme tel. Ne les laissez pas altérer la façon dont vous définissez votre vision et vos objectifs, prenez-les simplement comme des informations supplémentaires.

Imaginez de la manière la plus précise et la plus réaliste possible ce qu'il faudrait pour atteindre votre objectif. Par exemple, « perdre 500 g par semaine jusqu'à atteindre mon poids souhaité » vous donnera un objectif plus clair que simplement « perdre du poids ». Comme il s'agit d'un but précis et chiffré, cela vous permet plus facilement de mesurer vos avancées et de reconnaître votre succès le moment venu.

Une de mes clientes, responsable financière dans une entreprise, n'était pas naturellement à l'aise dans les relations publiques, mais elle savait que, si elle voulait améliorer le système dont elle avait la responsabilité, elle devait se forger de meilleurs contacts à la fois en interne et dans le domaine dans lequel elle travaillait. Pour que ça fonctionne mieux, elle savait qu'elle avait besoin d'une collaboration plus étroite de la part de collègues travaillant dans d'autres services et dans d'autres organisations du secteur, et elle savait que, pour cela, il fallait des conditions bien précises. En s'appuyant sur nos discussions, elle s'est servie de son expérience issue de l'époque où elle avait vécu dans un village pendant de nombreuses années, afin de mieux puiser dans les réseaux professionnels existants et pour en créer de nouveaux. À sa grande surprise, elle a trouvé des collègues bien plus prêts qu'elle ne s'y attendait à lui apporter les informations, les conseils et le soutien dont elle avait besoin. Au final, elle a découvert qu'elle n'avait pas un si mauvais sens du relationnel !

Sachez pourquoi vous voulez faire changer les choses

Quelle est votre logique derrière ce désir de changement ? Le vœu, l'intention ou la conviction que les choses peuvent être différentes est ce qui va vous permettre d'exercer une action sur ce qu'elles sont pour le moment. Déterminer quelle est cette logique est le premier pas pour vous sortir de la situation dominée par les mammouths dans laquelle vous avez été coincé jusqu'à maintenant. Des affirmations comme : « Ça ne peut plus durer comme ça », ou : « Je mérite mieux que ça », ou : « Ça m'empêche de faire ce que je sais que je devrais faire au lieu de tout ça » peuvent vous permettre d'y voir clair sur vos motivations profondes. Plus vous y verrez clair dans vos motivations, plus la base qu'elles constituent pour travailler aux changements que vous souhaitez sera solide et ferme.

Une de mes clientes s'est fixé le but d'enseigner tout un ensemble de tours complexes et sophistiqués à son cheval : un processus mammouth qui demande des mois de travail acharné pour affiner leur musculature et leur façon de communiquer l'un avec l'autre. Elle était convaincue que ça les aiderait tous deux dans les moments où son cheval, qui boite par périodes, est en phase de récupération et ne peut marcher qu'au pas. Chaque épisode d'entraînement durait au moins un mois, ce qui finit par ennuyer cavalière et monture. Ma cliente voulait qu'ils gardent l'esprit alerte et, en même temps, qu'ils deviennent tous les deux plus agiles physiquement.

✔ Gardez à l'esprit que moins est souvent mieux

Cette phrase, devenue un cliché, est pourtant tout à fait juste. Elle ne veut pas dire qu'il faut se limiter dans ses ambitions en visant plutôt le « moins »… *Moins, c'est mieux quand ce « moins » est correctement ciblé*. Michel-Ange disait que le travail du sculpteur est de retirer de la pierre ce qui n'est *pas* essentiel à la statue qui se trouve dedans. C'est sur la même idée que repose la théorie du rasoir d'Ockham (appelé aussi « principe de parcimonie »), un principe de raisonnement philosophique selon lequel un bon argument se suffit à lui-même : il est inutile de l'étayer avec six autres. En d'autres termes, n'essayez pas de faire avec plus ce qui peut être fait avec moins. Pour gérer votre mammouth, économisez votre énergie physique comme mentale en allant droit au but.

L'un de mes clients a adopté cette stratégie lorsque son boss lui a demandé de traiter un énième dossier supplémentaire. Il aurait pu dire combien il était déjà débordé. Il aurait pu lui suggérer de donner ce travail à quelqu'un d'autre. Il aurait pu demander selon quel degré d'urgence ce dossier devait être traité, ou même demander d'avoir une rallonge de délai. Mais il a choisi de répondre : « Oui, je peux le faire – quel autre dossier voulez-vous que je laisse tomber à la place ? »

Une toute petite action peut suffire à mettre les choses en mouvement

Un petit conte, résumé par ce dicton : « À cause d'un clou, le sabot fut perdu », raconte comment la perte d'un clou a fini par entraîner, de fil en aiguille, celle d'un royaume entier.

Cet effet de conséquences par répercussions marche dans les deux sens. Faites un premier pas pour améliorer quelque chose qui ne va pas, et vous créez la possibilité non seulement d'empêcher que les choses continuent à se détériorer, mais aussi de transformer quelque chose de totalement détraqué en quelque chose d'acceptable ou même de bon. Résistez une fois à un collègue ou à un supérieur qui ne vous traite pas comme il faut, et vous l'amenez à penser qu'il ne peut pas continuer à se comporter comme ça très longtemps. Changez une habitude de longue date en introduisant une seule différence, que vous pouvez répéter indéfiniment jusqu'à ce que cela crée la nouvelle habitude que vous cherchez à adopter.

Sarah avait du mal à gérer ses finances. Elle a commencé à reprendre la main avec une petite action toute simple : retirer suffisamment de liquide pour couvrir ses dépenses de la semaine et refuser de dépenser un centime de plus au cours des sept jours suivants. Bien sûr, cela n'allait pas suffire, mais elle avait fait un premier pas vers le but mammouth – donc difficile à atteindre –, qui était de changer sa relation à l'argent. Par cette simple action, différente de celles qui l'avaient maintenue dans son irresponsabilité financière, elle a déclenché une série de réactions. En travaillant à partir de des nouvelles données, elle a pu commencer à prendre toutes les mesures nécessaires pour être à l'avenir une meilleure gestionnaire.

Un changement à un niveau insignifiant peut parfois suffire à modifier les choses à un niveau plus important

Il s'agit là d'une illustration un peu plus sophistiquée du principe « Less is more », puisqu'elle nous amène à réfléchir sur les effets que *différents types de petites actions* peuvent avoir. Robert Dilts, éminent théoricien et praticien de la PNL, a élaboré une hiérarchie des concepts connus sous le nom de « niveaux neurologiques », qui sont au nombre de six. À eux tous, ils recouvrent tous les aspects de notre vie, de la gestion de la plomberie ou des factures de téléphone (l'environnement) à ce que nous faisons (les comportements), en passant par nos connaissances et nos aptitudes (les capacités), nos valeurs et croyances, notre sens de l'identité, jusqu'au sens de la « mission » qui est la nôtre dans la vie. De façon générale, la plupart des gens seraient d'accord pour dire que les choses et faits matériels (l'environnement) ont moins d'importance que les choses ayant trait à des sphères « plus élevées », comme les croyances, l'identité ou la mission de chacun. Pourtant, elles peuvent agir comme des leviers puissants sur ces sphères plus élevées.

Il est vrai que, bien souvent, les mammouths apparaissent autour de sujets ayant trait aux niveaux les plus élevés, mais, lorsque c'est le cas, rien n'oblige à prendre les choses par leur sommet. Vous avez beaucoup plus de chances de réussir si vous commencez par changer quelque chose plus bas dans la hiérarchie.

Un programme télévisé sur les espaces que nous occupons montrait un immeuble de bureaux comprenant de nombreuses pièces et espaces de taille restreinte dans lesquels les employés pouvaient se retrouver pour discuter, pour réfléchir ou pour accueillir des clients. Certains de ces espaces étaient décorés de façon très conventionnelle, d'autres de façon beaucoup plus fantaisiste et décontractée. Le message véhiculé par cet environnement n'était pas seulement celui de la diversité physique, du confort et des différences de degré entre style formel ou informel. Il avait un effet à des niveaux bien plus élevés, puisque ces bureaux disaient aux employés : « Votre confort mental et physique est important, nous ne sommes pas là pour vous surveiller ni vous minuter dans votre travail parce que nous vous faisons confiance pour faire la meilleure utilisation possible de votre temps, c'est vous qui savez dans quelles conditions vous travaillez de votre mieux, vous avez le choix. »

Lorsque vous faites personnellement des « petits plus » d'ordre pratique pour quelqu'un, qu'il s'agisse d'un collègue, d'un ami ou d'une personne de votre famille, vous lui transmettez le message qu'*il est important à vos yeux*. Votre *comportement* (niveau relativement bas) envers cette personne a une influence positive au niveau plus élevé de son *identité*.

Inversez les schémas en place

Les schémas deviennent des automatismes : si vous parvenez à identifier des points de choix possibles qui vous permettent d'agir différemment, il vous faut d'abord reconnaître, puis interrompre le schéma en question. Au chapitre 2, j'expliquais comment tout schéma recèle des points de choix qui deviennent invisibles du fait de l'impression de familiarité. Vous pouvez modifier un schéma en choisissant une nouvelle option lors d'un point de choix que vous avez identifié. Ou vous pouvez opérer un changement n'importe où dans ce schéma – parce tout changement ouvre à de nouvelles possibilités. *L'Homme-dé*, roman fascinant de Luke Rhinehart publié en 1971, est construit autour de cette théorie : il raconte l'histoire d'un homme qui décide que, chaque fois qu'il aura un choix à faire, il listera les différentes options qu'il a en les numérotant de 1 à 6, puis jettera un dé et choisira l'option correspondante. Cette stratégie est plutôt extrême – mais elle montre bien qu'on ne peut prendre une nouvelle direction qu'en faisant quelque chose de différent !

Voici quelques exemples simples d'interruption de schémas.

- Si vous grignotez systématiquement quelque chose de sucré après le dîner, rompez le schéma en rangeant les biscuits à un endroit inhabituel. Essayez par exemple de les enfermer dans le garage. Peut-être mangerez-vous quand même votre biscuit, mais cela vous obligera alors à agir par choix réfléchi, et non par automatisme.

- Si vous remettez au lendemain, depuis pas mal de temps, un coup de téléphone à passer ou un e-mail à écrire, mettez le nom du destinataire sur votre liste de courses du jour ou sur un post-it dans la cuisine.

- Si votre bureau croule sous un amas de papiers, posez votre corbeille à papiers dessus jusqu'à ce que sa bouche grande ouverte vous semble supplier de la nourrir.

Soyez inventif. Soyez original. Soyez audacieux : trouvez quelque chose d'incongru dans votre réfrigérateur, comme un marteau, qui éveillera votre attention, vous fera réfléchir à ce que vous étiez venu y chercher, et vous incitera à vous demander si vous avez réellement besoin de manger cette gourmandise.

Les ruptures de schémas peuvent être efficaces en elles-mêmes, parce qu'elles font prendre conscience de quelque chose que l'on a appris à ignorer. Utilisez-les pour mettre en valeur un choix immédiat, ou pour contribuer à mettre en place une nouvelle habitude, plus bénéfique ou moins nocive (cette idée est développée au chapitre 8).

Je me suis rongé les ongles jusqu'à mes quarante ans. Quand j'étais petite, aucune gronderie, aucune forme de chantage, ni même aucun vernis amer posé sur mes petits moignons disgracieux n'y pouvaient rien. Pour arrêter, je me suis tournée vers l'hypnose, et mon thérapeute m'a donné l'astuce qui me sert de substitut depuis : porter des colliers volumineux. Il m'a aidée à créer une nouvelle habitude inoffensive pour en remplacer une mauvaise : lorsque je me mettais à réfléchir ou à lire (moments auxquels je me retrouvais automatiquement à me ronger les ongles), mes doigts rencontraient les perles en se portant à ma bouche et trouvaient ainsi de quoi s'occuper autrement.

Votre mode de pensée

Les mammouths peuvent exister d'eux-mêmes, mais il arrive aussi que l'on en crée là où ils n'existent pas, ou que l'on fasse d'un petit mammouth un très gros par la façon dont nous les concevons.

✔ Prendre conscience de l'importance qu'a notre façon de voir les choses sur notre mammouth est une étape clé pour arriver à mieux le dompter.

Commencez par ce qui semble le plus facile

Plus tôt dans ce livre, j'ai expliqué que certaines de nos idées préconçues sur les mammouths les font sembler plus coriaces, alors que ces idées ne sont pas forcément fondées sur des faits. Bien souvent, nous partons du principe que s'attaquer à un mammouth que nous trouvons énorme sera une tâche difficile, ce qui nous empêche de chercher les petites occasions de changer les choses qui peuvent faire toute la différence. Commencez par effectuer le changement le plus facile et le plus accessible – du moins de *votre* point de vue. (Il est rare que l'on tienne longtemps la route en s'attaquant d'abord aux changements les plus radicaux et les plus difficiles que l'on puisse envisager !) Commencer le domptage de mammouth par quelque chose de facile n'est pas « se contenter de peu ». En réalité, cela a bien des avantages :

- Vous vous y mettrez plus tôt, vous vous sentirez soulagé et plus efficace.
- Vous pouvez faire ce qui est nécessaire plus vite, ce qui vous laissera plus de temps pour tout le reste de votre vie.
- Ça vous semblera demander peu d'effort, donc ça vous encouragera à devenir un dompteur de mammouths à long terme.
- Vous aurez le sentiment de vous prendre en main, même si vous n'avez pas encore pris votre mammouth en main, simplement parce que vous aurez fait un premier pas : ça aura déclenché une spirale positive d'action et d'énergie.

Prendre le contrôle sur certaines habitudes – comme grignoter, boire ou fumer – est un des exemples les plus courants. Le mot d'ordre des Alcooliques anonymes est de prendre ses distances avec l'alcool en vivant « un jour à la fois », et ça marche vraiment. C'est la même différence que de vous dire à vous-même : « J'ai atteint mon objectif pour aujourd'hui » ou « J'ai atteint 5 % de mon objectif aujourd'hui ».

Changer l'équilibre des rapports dans une relation, dans un cadre personnel ou professionnel, peut aussi s'accomplir en commençant par une toute petite chose. L'une de mes clientes avait le sentiment d'être ignorée en réunion, même quand elle avait quelque chose d'utile ou d'important à dire. Comme la seule personne qu'elle pouvait changer, c'était elle-même, que pouvait-elle faire pour faire pencher la balance de l'autre côté ? Nous avons répertorié plusieurs petits changements possibles : s'habillait-elle de façon « visible » ou « invisible » au travail ? S'asseyait-elle à une place où elle attirait l'attention de la direction ? Nous avons établi que, puisqu'elle n'était pas à l'aise et s'attendait à être ignorée, elle arrivait souvent aux réunions au dernier moment, quand les seules places libres étaient celles de derrière, ou en-dehors du cercle principal. Lors de la réunion suivante, où elle tenait beaucoup à faire entendre son point de vue, elle égaya donc son ensemble gris habituel d'un foulard bleu turquoise, et prit la peine d'arriver en avance, de façon à être assise juste en face des dirigeants. La couleur vive de son foulard attira automatiquement l'attention lorsqu'elle se pencha en avant pour parler, ce qui créa l'ouverture désirée.

Interrogez-vous autant sur les conséquences que sur les causes

Il est facile de partir du principe qu'il faut comprendre comment ce mammouth insurmontable est entré dans votre vie : les théories et thérapies psychologiques mettent beaucoup l'accent sur l'historique des problèmes, et notre culture « de la recherche du responsable » tend à nous faire systématiquement nous demander pourquoi les choses ne vont pas bien, et à cause de qui. Dans la presse, dans les discours, on retrouve souvent l'expression « tirer les leçons de... » – comme si c'était une fin en soi. Mais que ferez-vous de différent la prochaine fois du fait de cette leçon tirée ?

Nous avons tous à prendre conscience des conséquences possibles de nos actions et de celles des autres, et à être plus imaginatifs dans notre façon de les gérer. La théorie des systèmes, l'étude interdisciplinaire de la façon dont toutes les organisations complexes, qu'elles soient physiques (corps humain), sociales (entreprises, sociétés et groupes) ou mécaniques (machines et chaînes de montage) nous dit que toute action dans le système entraînera d'autres actions et réactions. Voici un exemple d'organisation qui montre comment un changement dans une entreprise peut avoir des répercussions inattendues sur les autres services et sur les ventes.

Geoff supervise une équipe d'une dizaine de personnes dans un grand open-space où les salariés se font face sur de longues rangées de postes de travail, séparés uniquement par les écrans d'ordinateur. Geoff m'explique qu'il s'entend mieux avec certains membres de son équipe qu'avec d'autres, qu'il les trouve plus faciles à encadrer. Où sont assis ceux dont il se sent plus distant ? À l'autre bout de la rangée ! Les membres de cette équipe étant assez nombreux, il n'est pas évident de changer les places qu'ils occupent. Cependant, Geoff peut très bien se lever et aller parler en personne à ceux qui sont le plus loin de lui, plutôt que de le faire par téléphone ou par e-mail comme il l'a fait jusqu'à maintenant. Au bout de quelques semaines, il constate se sentir beaucoup plus lié avec ceux qui sont assis le plus loin de lui, qui ont eux-mêmes commencé à prendre l'habitude de se lever pour venir lui parler, mais aussi pour venir parler à leurs autres collègues.

Les systèmes ne sont pas seulement des entités organisationnelles : chaque individu est fait de systèmes intriqués les uns aux autres, dans lesquels le physique, le mental et l'émotionnel ont tous des effets les uns sur les autres, créant un tissu très serré de liens de cause à effet. Du fait de cette densité de connexions, une chose qui se passe où que ce soit dans ce système aura inévitablement des conséquences ailleurs. Réfléchir est une activité qui met en jeu les communications internes de votre corps et sa physiologie : la pensée a des effets systémiques en interne qui peuvent, à leur tour, avoir des effets systémiques en externe. Votre pensée module vos actions, et vos actions ont des effets sur le système social dont vous faites partie. C'est pourquoi changer votre mode de pensée peut bien souvent déclencher tout une série de changements beaucoup plus importants.

Si vous n'obtenez pas le résultat que vous espérez, changez votre façon de penser

Einstein a dit : « Nous ne pouvons pas résoudre nos problèmes avec la même façon de penser que celle que l'on a utilisée pour les créer. » Alors, surtout, vous pouvez répéter une approche ou une stratégie une fois, peut-être même deux fois, pour être sûr d'en avoir bien utilisé les possibilités. Mais si elle ne vous apporte toujours pas le résultat que vous cherchez, ne dépensez plus votre temps ni votre énergie en répétitions. Ce qu'il vous faut est une nouvelle approche.

Il vous faut probablement arrêter de compter uniquement ou principalement sur la partie rationnelle de votre cerveau, et vous tourner plutôt vers certaines des autres capacités de pensée et de résolution de problèmes qu'il recèle. Faites des hypothèses. Commencez à vous demander : « Qu'est-ce qui se passerait si je faisais X plutôt que Y ? » De cette façon, vous aurez plus de chances de puiser dans les processus inconscients, comme établir des rapports nouveaux ou inattendus entre les choses, rapprocher certaines informations que vous ignoriez avoir (ce thème est développé plus en détail au chapitre 13), et, au final, aboutir à des idées créatives et novatrices qui pourraient tout simplement débloquer ce qui est bloqué. Mais comment mettre ça en application ?

À ESSAYER

Prenez quelques instants pour regarder dans le vague et laisser votre esprit tourner librement autour du problème. Faites un petit « rêve éveillé ». Ou, juste avant d'aller dormir, fixez-vous la possibilité de trouver dans la nuit une idée qui n'avait pas attiré votre attention – du moins jusqu'ici. Il arrive souvent que les éclairs de lucidité ou les idées arrivent dans ces moments où notre esprit s'évade comme ça, et qu'une nouvelle approche nous vienne à l'esprit le matin au réveil. Ou bien regardez les choses à l'envers en vous disant : si les approches logiques n'ont pas fonctionné, quelle est l'approche la plus illogique ?

Félicitez-vous de tout changement engagé, même quand il reste encore beaucoup à faire

Dans leur livre *Votre seau est-il bien rempli ?*, Tom Rath et Donald Clifton, chercheurs à l'institut américain de sondages Gallup et spécialistes du monde professionnel, attestent que lorsqu'on montre de la reconnaissance aux gens pour leur travail :

- leur productivité augmente ;
- ils s'engagent d'autant plus auprès de leurs collègues ;
- ils restent dans leur entreprise ;
- ils sont mieux notés par les clients ;
- ils prennent plus de précautions de sécurité au travail.

Il apparaît assez clairement que les marques d'estime et de reconnaissance interpersonnelles peuvent avoir un impact significatif sur celui qui les reçoit, et sur la qualité de sa relation avec la personne qui les émet (qu'il soit son supérieur ou son égal). Ce qui saute moins aux yeux, jusqu'au moment où l'on y réfléchit bien, c'est l'impact que ce type de reconnaissance peut avoir sur vous si vous vous l'accordez à *vous-même*. Si vous ne cessez de vous fixer des objectifs toujours plus élevés, ou de penser à tout ce qu'il reste à faire pour dompter votre mammouth, il n'est pas étonnant que des retours si négatifs vous vident de votre énergie et de vote enthousiasme pour la tâche que vous vous êtes fixée à vous-même. Inutile d'être excessif : il ne s'agit pas de vous glorifier en vous disant : « Chaque jour je deviens meilleur à tous points de vue ! » Soyez réaliste : « C'était dur, ou effrayant, mais j'ai réussi quand même à le faire », « Aujourd'hui, j'ai fait un premier pas », « J'ai remarqué une différence, petite mais bien réelle, dans la façon dont je me sens/dont elle a réagi/dans le temps que ça a pris. »

Votre tactique

Une stratégie, c'est l'approche globale que l'on choisit pour aborder un problème, tandis qu'une tactique, ce sont les actions spécifiques que nous pouvons faire pour mettre cette approche à exécution au quotidien. Je tiens ici encore à souligner combien les petites tactiques, aussi minimes soient-elles, peuvent souvent être efficaces.

Un peu, mais tous les jours

Lorsque l'idée du changement tient quelqu'un très à cœur, il veut qu'il arrive aussi vite que possible (ce qui est bien ambitieux !). La motivation et la détermination sont des moteurs puissants, mais il arrive qu'elles soient excessives. La technique aujourd'hui connue sous le nom de « kaizen » a été élaborée après la crise de 1929 dans le but de relancer l'industrie américaine. On demandait alors aux dirigeants des entreprises de rechercher à améliorer leurs produits et méthodes de production *aussi peu* que possible. Les travailleurs étaient encouragés à rapporter les petites inefficacités et à proposer des façons simples d'y remédier. Après la Seconde Guerre mondiale, cette même technique a été utilisée au Japon afin de l'aider à remettre son économie sur pied.

Dans son livre *Un petit pas peu changer votre vie : la voie du kaisen*, Robert Maurer écrit : « Avec des petits changements, vous procurez une impulsion à votre système nerveux, qui, à son tour :

- déverrouille les blocages créatifs ;
- permet de dépasser la réaction de fuite ou de combat ;

- crée de nouvelles connexions entre les neurones, ce qui fait que le cerveau entame avec enthousiasme un processus de changement, et que vous progressez alors rapidement vers votre objectif. »

Il y a ici deux principes en action : tout d'abord, le fait de rechercher de *petites* améliorations ; ensuite, le fait d'en rechercher *toujours plus*. En posant de petites interrogations et en faisant des pas les plus petits possible vers votre objectif, vous pouvez inconsciemment vous mettre en recherche de l'interrogation suivante, du pas suivant, de l'amélioration suivante. Et parce que le changement – qui comprend le domptage de mammouth – est rarement « une chose faite une fois pour toutes », vous vous créerez l'habitude de faire de petits ajustements continuels pour rester sur la bonne voie.

Faites quelque chose aujourd'hui

Le plus dur dans les bonnes résolutions, ce n'est pas de les prendre, mais de les mettre en application. C'est particulièrement vrai lorsque votre objectif est ambitieux mais vague : « Je veux arriver à dompter mon mammouth. » C'est très bien – mais comment allez-vous vous y prendre ? Une fois que vous aurez identifié le premier petit pas à faire (voir plus haut), faites-le *aujourd'hui*.

- Ne vous répétez pas incessamment : « Je dois reprendre contact avec mon vieux copain Jo. » Décrochez plutôt le téléphone (ou ouvrez votre boîte mail si ça vous semble moins terrifiant) et dites : « Bonjour, je suis désolée de n'avoir pas donné de nouvelles depuis si longtemps. »

- Plutôt que de dire : « Il faut vraiment que je perde du poids », faites quelque chose pour vous alléger aujourd'hui – comme prendre la moitié d'une cuillerée de sucre plutôt qu'une entière dans votre café, ou vous servir en riz, pommes de terre ou pâtes avec une cuillère à café plutôt qu'une cuillère à soupe lors de votre prochain repas.

- Si ça fait des années que vous dites que vous voulez améliorer votre anglais, achetez un magazine en anglais en rentrant du travail ce soir : cela vous fera un exercice assez facile, avec les images et les publicités qui offrent de multiples indications sur le sens des mots.

Aujourd'hui est toujours préférable à demain : d'ici demain, votre nouveau commencement aura déjà un jour et vous donnera accès à d'autres possibilités…

C'est la répétition qui transforme un changement en habitude

Nous sommes des gens très occupés vivant à une époque trépidante. Quand allez-vous trouver le temps de pratiquer une nouvelle activité ou d'adopter une nouvelle habitude ? Le plus facile est de substituer le comportement que vous souhaitez voir devenir habituel chez vous à une habitude que vous avez déjà. Incorporez cette nouvelle habitude à vos rituels quotidiens déjà établis, comme le moment où vous prenez votre douche, où vous vous brossez les dents, où vous êtes sur le chemin du travail, où vous rentrez chez vous après être allé chercher les enfants à l'école. Vous vous en rappellerez toujours.

En faisant vos étirements, votre méditation en pleine conscience, votre marche rapide, votre exercice de planning de la journée, en lisant un roman ou en débriefant mentalement votre journée de travail en association avec des schémas qui existent déjà dans votre vie, les nouveaux schémas deviendront vite habituels eux aussi.

Par exemple, si votre objectif est de lire plus souvent, pourquoi ne pas mettre à profit vos trajets quotidiens, comme l'a fait l'un des amis de mon père. Il avait dirigé un fournisseur national d'électricité pendant la guerre, et il passait à l'époque une demi-heure dans le train matin et soir. Il a mis à profit ce moment pour apprendre des langues étrangères. Comme il le disait : « À raison d'une heure par jour, on devient rapidement un expert sur n'importe quel sujet. » Le livre que vous déciderez de lire dans le métro demain sera probablement bien vite terminé, et suivi d'un autre. Et bientôt la lecture pourrait bientôt devenir l'une de vos habitudes les plus assidues.

Gilly ne trouvait jamais le temps de faire son yoga ; donc elle décida d'écouter les informations le soir plutôt que de les regarder à la télévision. De cette façon, elle pouvait se tenir au courant de l'actualité et faire ses exercices en même temps.

Soyez clair et direct

Lorsque votre mammouth concerne aussi une autre personne que vous, la communication franche et directe est généralement la plus efficace. Quel est donc ce que vous avez à demander ? Que voulez-vous lui dire ? De quelle manière voudriez-vous qu'il vous aide ? Tout d'abord, soyez clair avec vous-même. Vous trouverez ensuite plus facile d'être clair avec l'autre personne, en lui envoyant les signaux qui lui disent sans ambiguïté vers quoi vous tendez, et de quelle façon vous comptez sur elle.

- Allez-vous prévenir votre boss maintenant que vous voulez prendre vos congés annuels dans trois mois ? Ou préférez-vous attendre quelques semaines en espérant que ce créneau sera toujours disponible ?

- Allez-vous faire une proposition simple et directe à votre conjoint ou à votre collègue ? Ou allez-vous courir le risque d'embrouiller son esprit en lui faisant part toutes les méandres du raisonnement qui vous a mené à la décision de lui faire cette proposition ?

- Allez-vous faire dix étirements ce matin ? Ou allez-vous passer des heures à chercher une série complète d'exercices en regardant une vidéo de gym ?

- Avez-vous dégagé assez de place sur votre bureau pour le dossier sur lequel vous travaillez ? Ou vous dites-vous qu'il faut vraiment que vous dégagiez toute la surface de votre bureau ?

Dans chacun de ces cas, la première solution est claire et sans complications, elle prend relativement peu de temps et se suffit à elle-même – elle est donc beaucoup plus accessible. C'est le bon choix à faire.

Expérimentez, puis voyez ce qu'il en découle

Bon nombre de grandes découvertes ont été faites au cours d'un accident ou d'une expérimentation. Le secret d'une approche expérimentale est la façon dont vous considérez vos « erreurs ». Vous aurez un tout autre regard sur elles si, comme Thomas Edison, l'inventeur le plus prolifique qui ait jamais été, vous vous dites : « Si je trouve 10 000 façons dont une chose ne marche pas, je n'ai pas échoué. Je ne suis pas découragé, parce que toute tentative écartée est un pas de plus en avant. »

Essayez d'envisager chaque « échec » comme une *information*. Une information est quelque chose que vous pouvez utiliser pour ajuster votre approche, ou pour en choisir une complètement différente. Les vieux problèmes sont rarement résolus à l'aide des vieilles stratégies, mais ils le sont bien souvent par de nouvelles.

Vous avez maintenant une bonne idée de la façon d'identifier le mammouth qui pèse sur votre vie. Vous savez ce qui vous a empêché de vous y attaquer par le passé. Vous avez une meilleure idée des qualités uniques qui font vos atouts face au challenge que vous vous êtes fixé. Et, à la suite de ce dernier chapitre, vous disposez d'une série de stratégies testées et approuvées pour relever ce challenge avec succès.

Tout ce que j'ai dit jusqu'ici s'applique à presque tous les mammouths. Il est maintenant temps d'affiner encore un peu plus votre approche en l'adaptant au type de mammouth auquel vous êtes confronté. Si vous voulez faire diminuer un mammouth indésirable, comme une « mauvaise habitude » ou un ensemble d'émotions pesantes, il va falloir le morceler. Ce sera l'objet de la deuxième partie de ce livre.

2

Découpez votre mammouth pour mieux en venir à bout

Chapitre 5

GÉREZ LE QUOTIDIEN

Les tâches domestiques et professionnelles peuvent rapidement prendre des proportions et un statut de mammouth dans notre esprit. Il faut trouver le moyen de morceler ces mammouths de la vie de tous les jours en éléments plus gérables, ce qui est possible non seulement de la façon que vous connaissez déjà (s'y atteler consciencieusement et régulièrement), mais aussi en transformant la façon dont nous les considérons. Ce chapitre est là pour vous aider à y parvenir, de façon à ce que vous puissiez découvrir les possibilités qui existent au-delà de la contrainte.

Les tâches comme préparer des notes de frais, faire des comptes, faire la vaisselle, le ménage et le repassage représentent des mammouths pour vous ? Certaines personnes détestent avoir à faire la cuisine tous les jours. Et désherber ? Ou tondre la pelouse ? Trier vos papiers pour remplir votre déclaration d'impôts ou établir vos frais professionnels ? Ou faire vos devoirs ? Lorsqu'une tâche routinière traîne un peu trop longtemps, cela vous agace-t-il ? Vous sentez-vous débordé ? Déprimé ? Et qu'est-ce qui vous atteint tant dans ce type de tâche ? Est-ce le fait que c'est sans cesse à recommencer ? Est-ce le fait que ce soit si peu motivant intellectuellement ? Est-ce l'absence de toute impression d'accomplissement ? Ou est-ce votre propre impatience vis-à-vis de vous-même – vous n'avez pas encore effectué ce que vous aviez programmé, et ça finit par vous atteindre, puis par vous submerger… ? L'objectif de ce chapitre est de vous aider à ressentir différemment les tâches du quotidien de façon à ce qu'elles vous semblent plus faciles, moins insignifiantes, plus satisfaisantes et même peut-être plus agréables.

Toute contrainte est perçue par les uns comme une corvée, par les autres comme un ennui, comme une source de satisfaction par d'autres encore. Si vous êtes de ceux qui apprécient les tâches quotidiennes et que vous vous demandez pourquoi vous lisez ce chapitre, vous pouvez vous dire qu'il vous aidera à mieux comprendre la plupart des gens qui vous entourent et dont ce n'est pas le cas !

C'est le *ressenti* que vous procurent les tâches quotidiennes qui compte. Et ce ressenti dépend de la façon dont vous les percevez – de la façon, comme on le dit en PNL, dont vous les « concevez » dans votre esprit.

Après notre mariage, mon mari Leo et moi avons décidé d'employer une femme de ménage : travaillant tous les deux à plein temps, nous n'avions pas envie de passer notre peu de temps libre à passer l'aspirateur et à épousseter. Notre femme de ménage, pour sa part, appréciait d'arriver chaque semaine dans une maison en désordre et de laisser derrière elle un endroit rangé et éclatant de propreté. Mais elle ne voulait pas faire le ménage chez des gens qui n'auraient pas travaillé eux-mêmes. De son point de vue, accomplir une tâche qu'elle savait et aimait faire permettait à d'autres de faire la même chose. Cette égalité déterminait son degré de satisfaction à l'égard de son travail. Les quelques fois où elle avait travaillé pour des personnes qui n'avaient pas elles-mêmes d'activité professionnelle, elle avait éprouvé une certaine amertume, estimant que ces employeurs auraient tout à fait pu se charger eux-mêmes de ce ménage qu'ils lui déléguaient Elle se sentait rabaissée par cette inégalité.

Cet exemple illustre très bien à quoi tient le sentiment de satisfaction.

Pourquoi la satisfaction est importante

La satisfaction (ou l'absence de satisfaction) est ce qui détermine le fait qu'une tâche soit ressentie ou non comme une corvée. Il s'agit de bien plus que le simple bien-être ressenti après avoir accompli quelque chose. Ressentir de la satisfaction, cela signifie que le fait d'accomplir ou d'avoir terminé quelque chose procure le sentiment d'avoir *positivement enrichi sa vie*. Aussi utile ou bénéfique que puisse être une tâche, elle peut toujours être ressentie comme une corvée si elle n'a pas pour résultat ce profond sentiment de bien-être.

Nous prenons beaucoup de choses positives pour acquises. Des dents solides qui n'ont pas besoin de soins parce que vous les brossez régulièrement, l'électricité qui s'allume lorsque vous actionnez l'interrupteur parce que vous avez payé la facture, des vêtements propres et confortables parce que quelqu'un les a lavés et repassés. Toutes ces choses résultent d'actions qui peuvent apporter la satisfaction de la chose accomplie ou, au contraire, ne sont jamais ressenties autrement que comme des corvée.

Avoir des dents saines, l'électricité à disposition, des vêtements propres et repassés rend la vie de tous les jours plus facile et plus agréable parce que *cela rend d'autres choses possibles*. Quand cela fait défaut, nous remarquons ce que nous *ne pouvons pas faire ou ne pouvons plus apprécier* en conséquence. La plupart des gens ne perçoivent pas ces choses comme des sources de satisfaction *en elles-mêmes*. Un jardin bien entretenu, une voiture qui roule bien, un système de classement qui permet de mettre la main sur le document dont on a besoin dès qu'on en a besoin, tout cela joue un rôle similaire dans la vie de chacun.

Nous aimerions tous pouvoir nous dispenser de certains efforts mais nous apprécions tous le résultat provoqué par ces efforts. Alors, même si ces tâches ne sont pas passionnantes, nous savons qu'elles sont une condition nécessaire à notre bien-être…

Ce chapitre est là pour vous aider à trouver le moyen de changer cette façon de voir les choses – et ainsi, à vous découvrir un enthousiasme d'un nouveau type pour les tâches de votre vie quotidienne.

Les corvées

Une corvée est un travail ennuyeux que l'on ne peut éviter de faire. C'est donc à l'ennui que l'on ressent à faire certaines tâches qu'on reconnaît les corvées. Les tâches répétitives comme le repassage, le désherbage, la vaisselle, les exercices de gym, etc., peuvent toutes sembler d'un ennui profond – mais pas toujours, et pas pour tout le monde. Ces mêmes activités peuvent également être vécues comme apaisantes, ressourçantes, comme des instants de méditation propices à l'épanouissement de la conscience et à la production d'endorphines…

✔ Une corvée n'existe que parce que nous la voyons comme telle.

Les activités récurrentes et peu intellectuelles comme la documentation de bureau peuvent avoir le même effet : pour certains, elles ne sont pas perçues comme faisant véritablement partie du travail pour lequel ils ont été engagés, tandis que pour d'autres elles peuvent être une satisfaction en elles-mêmes et le point d'orgue de leur compétence et de l'accomplissement.

Ce qui fait la différence est la façon dont vous concevez l'activité – c'est notre conception des choses qui conditionne notre ressenti. L'activité en elle-même est neutre : elle devient « ennuyeuse », « fastidieuse », « apaisante », « monotone », « stimulante » ou « satisfaisante » à vos yeux en fonction de vos expériences précédentes et de *votre* état d'esprit.

Remetez en question une conception négative

L'ennui ressenti vis-à-vis des tâches quotidiennes prend souvent racine dans le passé, mais rien n'oblige à se laisser dominer par nos expériences passées. Si on a été, dans son enfance, régulièrement envoyé sur un ton réprobateur ranger sa chambre, ranger ses jouets, faire ses devoirs etc., on apprend alors bien vite à s'autoréprimander une fois confronté aux versions adultes de ces tâches. L'une des possibilités est de tout simplement reconnaître cela et vous rappeler que c'est une époque passée, différente d'aujourd'hui. Cependant, changer des attitudes et des réactions établies depuis longtemps et devenues automatiques n'est pas si simple. Quand on dit que « l'esprit domine la matière », cela implique une lutte intérieure contre soi-même, dans laquelle on essaie de soumettre sa réaction naturelle ou immédiate en déniant ce que l'on ressent profondément et en s'imposant un autre ressenti à la place.

Une autre stratégie, plus efficace encore, consiste à porter une réelle attention aux détails sur l'instant qu'implique votre activité.

Passez-vous la tondeuse en formant des bandes de gazon bien droites (ou bien incurvées) ? Combien de pas faites-vous pour une inspiration pendant votre jogging ? Quelle est votre méthode pour faire la vaisselle ? Tout le monde a une méthode, ne serait-ce que quand elle consiste à commencer par le dessus de la pile dans l'évier. En quoi est-ce étonnant que vous procédiez ainsi plutôt qu'autrement ?

Dans ma jeunesse, quelqu'un m'a appris une méthode pour repasser les chemises : d'abord les poignets, puis les manches, puis les épaules, un pan devant, le dos, l'autre pan devant, et enfin le col. Je trouve cette méthode astucieuse et très satisfaisante. Je me demande qui a été mon mentor en repassage de chemises, quel âge j'avais lorsqu'on m'a montré cette technique, et pourquoi j'ai toujours fait exactement de la même manière depuis.

✔ Expérimentez sans relâche et soyez curieux des possibilités inexplorées.

C'est cet état d'esprit particulier – avec cette curiosité, cette concentration intense et décontractée à la fois – qui peut faire osciller les ondes alpha du cerveau, procurant ainsi le sentiment d'être en dehors du temps et stimulant la production d'endorphines et le bien-être qui va avec.

C'est comme si la conscience était temporairement captée par un point unique. Arriveriez-vous à vous mettre dans cet état d'esprit en nettoyant votre voiture ? Ou en rassemblant vos reçus pour préparer vos notes de frais ?

Quelle est votre raison de vous y mettre ?

Il nous arrive à tous d'avoir quelque chose que nous devons impérativement faire, ou même que nous avons vraiment envie de faire, sans pour autant trouver la motivation de s'y mettre.

Êtes-vous de ces personnes qui possèdent des centaines, peut-être même des milliers, d'images stockées sur leur ordinateur, au point que ne jamais être en mesure de montrer telle ou telle image quand elles en ont besoin, de ne jamais pouvoir retrouver les images à corriger parce que leur système de classement est complètement anarchique ?

Êtes-vous sûr que les assureurs ne vous ont jamais envoyé cette lettre qu'ils affirment vous avoir adressée ? (Même s'ils l'avaient fait, vous ne sauriez de toute façon pas où vous l'avez rangée…)

Vous voulez rédiger une proposition au bureau, mais vous n'arrivez plus à remettre la main sur cet article crucial que vous vous souvenez avoir lu il y a un mois ou deux.

Trouver une bonne raison de faire quelque chose – les avantages que ça vous procure *à vous* – est un bon début. La motivation, c'est avoir une bonne raison de se mettre en mouvement, et l'une des façons d'en générer si votre mammouth implique des tâches quotidiennes est ce que la PNL appelle un « pont vers le futur », qui permet de transformer son ressenti d'une activité et de la faire sembler positivement engageante.

Créez un pont vers le futur

Imaginez simplement être dans un autre état d'esprit vis-à-vis de la tâche qui représente pour vous un mammouth. Tandis que vous vous interrogez – peut-être avec scepticisme – sur cette possibilité, vous commencez déjà à opérer un petit miracle de l'esprit. De votre esprit. Le miracle est que lorsqu'on imagine quelque chose à l'avance, le fait même de l'imaginer déclenche les réactions que nous ressentirions si ce même quelque chose arrivait réellement et maintenant. Lorsqu'on imagine quelque chose de palpitant, notre rythme cardiaque s'accélère. Lorsqu'on imagine quelque chose d'effrayant ou de difficile, on commence à ressentir de l'anxiété. Si on imagine quelque chose d'apaisant et d'agréable, on se met à respirer plus profondément et plus lentement. De façon instantanée. Juste par la pensée. Nous sommes déjà engagés dans l'avenir que nous avons créé en imagination. Comme la majorité de nos processus mentaux, ce futur touche à tous nos sens à la fois : la vue, l'ouïe, le goût, l'odorat et le toucher. Plus ces composants sont clairs, précis, forts, actifs et perceptibles, plus engageant est cet avenir qu'ils créent. Et l'inverse est également vrai. Une image floue, pâle, restreinte et statique nous représentant en train de ranger la maison, de nettoyer la voiture ou de trier des papiers ne fait vraiment pas rêver !

Utiliser votre esprit pour se fonder sur les expériences passées de vos sens que vous avez en mémoire est quelque chose qui vous est familier depuis l'enfance, même si vous n'aviez pas conscience de ce qui se produisait. Mais une fois qu'on connaît ce processus, on peut le déclencher de façon délibérée, et on peut l'utiliser à bon escient pour se créer son propre système mental destiné à échapper à l'ennui des corvées.

À ESSAYER

1. Imaginez que vous avez déjà effectué les tâches qui vous sont une corvée. Comment vous sentez-vous ?

2. Maintenant, réfléchissez à ce qui se passe exactement dans votre esprit. Lesquels de vos sens sont les plus impliqués ? Dans quelle mesure les informations que vous vous apportez à vous-même sont-elles motivantes (c'est-à-dire fortes, intéressantes, vives, stimulantes) ?

3. Si vous ne ressentez pas de satisfaction, de joie ni de contentement d'avoir effectué votre tâche, choisissez un élément sensoriel – par exemple, les images que vous venez d'imaginer – et apportez-y des améliorations. Re-imaginez-la en plus grand, plus clair, plus beau. Est-ce que ça change quelque chose ? Continuez à jouer avec les différents types d'information sensorielle jusqu'à ce que vous ressentiez un changement – ce type d'expérimentation ne prend heureusement que quelques instants.

4. Maintenant, revenez en arrière. Imaginez-vous de nouveau en train d'accomplir votre tâche, en remarquant le même type de chose. Avez-vous besoin d'amplifier, d'embellir ou d'intensifier la façon dont vous imaginez cette action ?

Il y a quelques années, j'aidais ma mère à fabriquer des couvre-lits en patchwork. Son rôle était de choisir les tissus et les couleurs, et de faire les finitions à la main. Moi, j'écopais de ce qui me semblait être la pesante et morose mission d'assembler les pans de tissu à la machine, d'ajouter une doublure matelassée et une bordure, et, finalement, de monter l'article terminé sur un immense rectangle de tissu. Quel ennui ! Ce qui m'a aidée à tenir le coup, c'était l'image vive que je gardais à l'esprit pendant tout ce temps : le patchwork terminé dans la boutique de Londres où il serait vendu, exposé sur une balustrade et visible à tous les clients sur trois étages. Il arrivait parfois que plusieurs des couvre-lits fabriqués par ma mère soient exposés en même temps, et ils étaient vendus à des acheteurs des quatre coins du monde. Voilà donc le pont (principalement visuel) vers l'avenir qui me donnait du cœur à l'ouvrage pendant que j'étais assise à la table de la cuisine de ma mère, devant la machine à coudre, ou accroupie au sol à manipuler des épingles par dizaines.

Choisissez votre camp

Créer un pont vers l'avenir pour vos tâches quotidiennes est une bonne mise en condition. Mais il y a bien d'autres façons encore de le faire. La façon de faire qui vous convient personnellement est à déterminer en fonction de votre tempérament, de votre énergie et de votre rapport au temps (voir chapitre 3). Cela permet également de prendre en compte d'autres aspects de votre approche de la vie : le fait de savoir si vous préférez faire les choses de façon ordonnée ou expérimentale. En PNL, ces deux approches opposées sont appelées *procédurale* et *inventive*.

✔ Transcender l'ennui des tâches répétitives peut être une vraie source de plaisir.

Voici un « menu » de tactiques qui ont fait leurs preuves pour moi ou pour d'autres personnes, dont certains de mes clients, amis ou collègues. En parcourant cette liste, prêtez attention à la façon dont vous réagissez à chacune de ces stratégies, tout comme vous le feriez en parcourant les différents plats d'un menu au restaurant. Essayez celles qui titillent vos papilles ! Comme dans un vrai restaurant, il se peut que vous soyez plus attiré par les valeurs sûres et les grands classiques, ou bien, au contraire, par les choses plus originales, aventureuses ou même expérimentales. Il est bon de rester dans ce qui vous semble naturel – il est nécessaire de coopérer de bonne volonté. De la même façon, il se peut que vous constatiez que si vous allez au-delà de votre zone de confort en vous essayant à une stratégie qui vous semble étrange – voire absurde –, cela pourrait en fait aboutir à ce que vous souhaitez. C'est entièrement à vous de voir.

Prévoyez de vous octroyer une petite récompense par la suite : un café, un coup de téléphone à un(e) ami(e), un quart d'heure de lecture... Et essayez au moins l'une de ces tactiques aujourd'hui même.

1. Consacrez un moment fixe à la tâche fixée

S'il s'agit d'une tâche qui revient de façon régulière (par exemple, faire la vaisselle, ranger son bureau ou sa maison, faire les comptes, trier ses papiers), vous apprécierez peut-être d'y consacrer un moment prédéfini de la journée, de la semaine ou du mois pour la réaliser.

Un comptable free-lance que je connais faisait beaucoup de déplacements pour aller voir ses clients. Il s'était créé un rituel quotidien pour garder ses papiers en ordre et à jour. Une fois arrivé devant chez lui, avant de sortir de sa voiture, il rassemblait tous les reçus de ses dépenses de la journée et tous les documents relatifs aux rendez-vous qu'il avait eus. Une fois dans sa maison, il se préparait une boisson chaude (sa récompense) et la buvait à son bureau tout en rentrant sur son ordinateur les chiffres et les données de sa journées. Puis il classait les papiers qui avaient besoin de l'être et dressait une liste brève des choses qu'il devrait faire par la suite. Ce n'est qu'une fois qu'il avait ainsi « clos » sa journée de travail qu'il pouvait enfin se détendre et reprendre sa vie personnelle.

Une mère de famille que je connais avait pris l'habitude de faire son ménage en assignant une tâche à chaque jour de la semaine : le week-end venu, la maison était propre comme un sou neuf. Ses enfants savaient que le lundi était le jour où on changeait les draps, que le mardi, en rentrant de l'école, ils trouveraient les chaises de cuisine les pieds en l'air et que le sol aurait été lessivé et le reste de la maison aspiré, que le mercredi des piles de linge repassé attendraient sur les lits d'être rangées, que le jeudi maman faisait les courses, et que le vendredi les étagères de la cuisine seraient recouvertes de gâteaux, de pains et de tartes prêts pour le week-end.

2. *La méthode du domino*

Cette méthode fonctionne bien pour les gens qui aiment se surprendre à faire de bonnes actions imprévues. Vous pouvez l'utiliser pour n'importe quel type d'activité de rangement, que ce soit à la maison ou au bureau. Fixez-vous une limite de temps si vous le désirez (ou choisissez un moment où vous avez environ une demi-heure devant vous), et arrêtez aussi arbitrairement que vous avez commencé.

Commencez par prendre quelque chose – n'importe quoi – qui a besoin d'être rangé ou jeté. Faites-le, et une fois que vous l'avez rangé ou jeté, prenez la chose la plus proche de l'endroit où vous êtes qui a besoin d'être traitée. Si vous êtes en train d'étendre une lessive par exemple, quelle est, dans la pièce où vous vous trouvez ou dans la pièce voisine, la chose la plus proche qui a besoin d'être rangée ? Mettez-la à la place où elle devrait être, puis cherchez une troisième chose à ranger. Par effet domino, vous allez passer d'un objet à un autre, d'un endroit à un autre, avec à la clé un ensemble de petites satisfactions à chaque fois que vous rangez quelque chose, plus de la distraction et de l'exercice physique au passage.

Vous pouvez procéder de la même manière pour trier vos papiers ou ranger votre bureau. N'essayez pas d'être méthodique : commencez par le premier papier en haut de la pile et trouvez-lui une place appropriée. Si vous n'avez pas de dossier où le ranger, créez-en un. N'essayez pas de mettre de l'ordre dans les papiers qui sont déjà dans des dossiers : c'est une autre tâche pour un autre jour. Si nécessaire, créez un dossier « Divers » ou « À jeter ». L'essentiel, pour commencer, est de retrouver l'apparence et l'impression d'ordre. Il ne s'agit pas de vous faire croire à vous-même que vous avez transformé le chaos en un système parfaitement au point, mais seulement de faire un premier pas, en dégageant au passage un peu d'espace.

3. Le tirage au sort

Cette méthode s'applique aux petites tâches domestiques non récurrentes qu'on ne trouve jamais le moment de faire. Par exemple, réorganiser le contenu de vos placards de cuisine, trier une pile de choses à donner aux œuvres de charité, décider quels objets, pour le moment stockés au garage ou sur une étagère, pourraient être mis au rebut, ou faire du tri dans le placard de l'entrée. En soi, une instruction tombée au hasard plutôt que reçue de façon systématique peut être une vraie libération – ça a un petit côté ludique, tout en faisant avancer les choses : c'est gagnant-gagnant ! Cette façon de combattre l'ennui des tâches domestique fonctionne bien avec les enfants pour exactement les mêmes raisons.

Si vous êtes le genre de personne à fonctionner de façon linéaire et à faire des listes, il est possible que ces choses-là soient perpétuellement dans votre liste « À faire ». Oublions les listes ! Au lieu de cela, écrivez chaque tâche sur un petit morceau de papier (Leo et moi sommes d'accord pour dire que le dos d'une feuille A4 déjà utilisée et coupée en quatre ou en huit fait parfaitement l'affaire). Mettez tous vos petits papiers dans un grand saladier et mélangez-les.

Vous pouvez aussi vous créer une sorte de boîte à idées de choses « À faire », que vous remplissez à mesure que des idées vous viennent à l'esprit. Le fait de procéder par tirage au sort donne un petit côté amusant à ce type de tâche. Lorsque vous avez un peu de temps devant vous, ou que vous en ressentez le besoin, prenez le premier papier qui vous tombe sous la main et faites ce qu'il y a écrit dessus. Lorsque vous avez terminé, déchirez cérémonieusement ce papier en petits morceaux pour fêter ça. Vous pouvez même créer en parallèle une boîte à récompenses dans laquelle vous irez piocher de quoi vous féliciter lorsque vous avez terminé.

4. Sauvé par le gong

Cette méthode-là est excellente pour les tâches qui ont tendance à traîner interminablement, que ce soit à la maison ou au bureau. Elle fonctionne aussi très bien pour faire faire aux enfants les tâches qui les ennuient. Il vous faut un minuteur – que ce soit celui de la cuisine, ou d'une montre, ou d'un téléphone, en fonction de l'endroit où vous vous trouvez – et une autre occupation alternative et qui a votre préférence, à intercaler par tranches à la tâche dite (au bureau, une occupation alternative peut consister à avancer sur un projet ou un travail que vous aimez faire). Réglez le minuteur sur 20 minutes et attelez-vous à la tâche à entreprendre jusqu'à ce que ça sonne. Une fois les 20 minutes écoulées, poussez un soupir de soulagement, puis réglez de nouveau le minuteur et adonnez-vous à une autre occupation jusqu'à ce que le minuteur sonne de nouveau. Ne trichez pas – ni dans un sens ni dans l'autre! Même si vous avancez bien sur la tâche rébarbative, forcez-vous à prendre un moment de répit en faisant ce que vous préférez! Si vous êtes au milieu d'une phrase captivante dans votre roman, arrêtez-vous en cours de route. Appréciez de faire les choses de façon aléatoire. Vous pouvez continuer à alterner ainsi deux activités sur des périodes de temps plus ou moins courtes ou longues, en fonction de votre capacité d'endurance (ou de celle des autres), ou du fait que vous soyez ou pas près de terminer (encore une dernière fois et ce sera terminé).

5. Transformez les corvées en projets

Pour certains, l'idée même de répétition est une corvée en elle-même. Malheureusement, de nombreuses tâches sont répétitives. Le principe de cette méthode est de modifier votre estimation de l'importance d'une tâche, et illustre bien l'importance de pouvoir considérer de façon flexible la notion de morcelage, que ce soit par fragmentation ou par regroupement. Ce n'est pas l'ampleur inhérente de la tâche qui compte, mais bien l'ampleur qu'elle vous paraît avoir. Le morcelage, c'est la solution absolue!

Souvent, nous essayons de nous donner l'impression que la tâche à effectuer est moins importante qu'elle n'y paraît en nous disant: « Ça ne prendra pas plus d'une demi-heure », ou bien: « Si j'en fais un petit peu chaque jour, ça sera vite terminé. » Il s'agit là d'une stratégie de fragmentation qui peut très bien fonctionner par moments pour certaines tâches ou certaines personnes. Cependant, essayer de minimiser ainsi une tâche n'est pas toujours d'un réel secours. Il peut être parfois plus efficace de procéder par regroupement dans votre façon de considérer les choses, de façon à avoir le sentiment que ça vaut la peine de le faire et qu'il s'agit d'un véritable accomplissement. L'une des façons de s'y mettre consiste à désigner chaque tâche répétitive comme un « projet ».

Commençons par les e-mails.

Combien y en a-t-il dans votre boîte de réception en ce moment même ? Il y en a 251 dans la mienne, dont 27 non lus et 421 dans les messages envoyés – j'ai conscience que, pour beaucoup de personnes, ces nombres peuvent sembler dérisoires ! Mais est-il nécessaire de garder tous ces mails ? Et si oui, est-il bon de les laisser dans un ordre anarchique ? (Juste au moment où j'écris ces lignes, une coïncidence veut que mon ordinateur me propose de les compacter pour gagner de l'espace sur mon disque dur !)

Il est temps de créer un système qui fonctionne ! Les possibilités sont aussi infinies que votre inventivité (qui est bien plus grande que vous ne le pensez). Les systèmes sont des choses très personnelles et, d'après mon expérience, la plupart de ceux conseillés par des experts peuvent être tout aussi fastidieux à utiliser que de n'en utiliser aucun. J'espère, cependant, que vous prendrez les suggestions suivantes comme telles : comme de simples suggestions.

- Ce qu'il vous faut, c'est éliminer une par une toutes ces petites icônes en forme d'enveloppe et leur trouver une place adéquate. Pour ce faire, il faut commencer par supprimer tous les e-mails que vous ne souhaitez pas garder. Commencez par ceux d'hier, en partant du principe que ceux d'aujourd'hui ne sont pas encore urgents.

- Ouvrez chacun d'entre eux un par un, même si vous les avez déjà ouverts hier, et s'il s'agit de publicité ou de messages indésirables, supprimez-les *immédiatement*.

- Si le mail contient des informations utiles, relisez-le et décidez s'il a besoin d'être classé – auquel cas, créez un dossier approprié dans votre boîte mail ou sur vote ordinateur, et placez-le dedans immédiatement.

- Si un message a besoin d'être transféré, transférez-le tout de suite. Passez sur ceux auxquels vous devez répondre jusqu'à ce que vous ayez traité tout le reste.

- Il ne devrait maintenant vous rester qu'un groupe d'e-mails qui nécessitent de la réflexion et une décision. Avez-vous le temps de vous en occuper maintenant ?

- Si c'est le cas, mettez-vous-y. Créez les dossiers nécessaires au fur et à mesure : le but est de les éliminer de votre boîte de réception et de les mettre à la place qui leur est destinée.

- Si vous ne disposez plus que d'un temps limité, déterminez à quel moment vous pourrez terminer plus tard dans la journée ou, à défaut, le lendemain. Répondez dès que possible à tous les mails qui exigent un retour.

- S'il vous reste encore du temps, traitez les mails arrivés avant-hier selon la même méthode.

- S'il vous reste encore une vingtaine de minutes (voir le chapitre 13), retournez aux *tout premiers* e-mails contenus dans votre boîte. Combien d'entre eux valent-ils la peine d'être gardés ? Soyez sans pitié. Ce n'est pas parce qu'il s'agit de « paperasse virtuelle » qu'il faut laisser s'accumuler des centaines de mégabits de vieux courriers sur votre disque dur. Pour savoir si un message a véritablement besoin d'être gardé, demandez-vous s'il vaudrait la peine d'être imprimé et conservé sur papier. Si c'est le cas, faites-le, sinon, à la corbeille ! Vous n'êtes pas là pour faire l'archiviste de votre entreprise (ou de votre famille).

Le repassage

C'est également une corvée que vous pouvez assimiler à un projet. Plutôt que de culpabiliser de ne pas le faire, vous pourriez délibérément le laisser de côté jusqu'à ce qu'il commence à vous manquer des vêtements que vous voulez porter ; désignez votre dimanche après-midi comme le jour du projet repassage ; installez la planche à repasser devant la télévision, et travaillez jusqu'à ce que la corbeille à linge soit vide. (L'un de mes projets repassage récents comprenait 22 chemises, 2 pantalons, 5 nappes et 10 mouchoirs, et a pris 1 h 30. Je l'ai trouvé très satisfaisant !)

L'entretien des chaussures

Si vous avez chez vous des chaussures qui ont besoin d'être cirées, rassemblez toutes les chaussures de la maison dans une même pièce, enrôlez des volontaires dans la famille si vous le voulez ou le pouvez, et mettez en place un travail à la chaîne. Vous pouvez séparer le processus en différentes étapes et n'en faire qu'une à la fois jusqu'à ce que tout soit fait ; vous pouvez attribuer une tâche précise à chaque volontaire, si vous en avez, et faire passer chaque paire de chaussures par tous les stades de la chaîne jusqu'à ce que le dernier mette le dernier coup de chiffon sur la dernière paire ; ou vous pouvez traiter chaque chaussure comme une entité séparée. La moitié du plaisir, c'est que c'est vous qui choisissez.

Le ménage

Si votre projet est le ménage de la maison, essayez de procéder pièce par pièce en faisant chacune à fond, l'une après l'autre. Pendant une semaine donnée, centrez-vous sur la pièce qui vous occupe et consacrez-y tout votre temps de ménage. Laissez tout le reste. Au bout d'une semaine de temps de ménage, vous devriez voir une vraie différence et ne plus avoir à vous en occuper jusqu'à ce que les autres pièces aient été faites à fond à leur tour.

6. Rassemblez les effectifs

Pour les tâches longues et pesantes, faites-vous aider. Demandez-vous sur qui, dans votre entourage, vous pouvez compter pour vous aider sans juger votre réticence à faire les choses seul. Offrez des pourboires, proposez un service en échange ou toute autre récompense. Ajoutez une note ludique ou agréable si vous le pouvez : tu m'aides à repeindre la maison le week-end et je prépare un barbecue ; aide-moi à faire du tri dans mon armoire et je t'aiderai à faire de même dans la tienne ; aide-moi à aller vendre des affaires à la brocante et je ferai telle ou telle chose ; viens au supermarché avec moi et nous prendrons un café ensemble en rentrant.

On entend parfois parler de « dépasser sa peur », de la « traverser » pour émerger « de l'autre côté ». J'aimerais que, lorsque vous aurez terminé ce chapitre, vous ayez devant vous la possibilité palpitante de passer de l'autre côté de l'ennui, où vous pouvez trouver une dimension faite de tranquillité, de stimulation, d'accomplissement et même de joie. Mais aussi, bien sûr, du sentiment de fierté d'avoir su, grâce à votre propre ingéniosité, adapter votre approche et transformer votre état d'esprit afin d'aller jusqu'au bout des tâches que vous vous étiez fixées.

Chapitre 6

LES MAMMOUTHS COMPLEXES

Certains mammouths sont assez simples, tandis que d'autres sont si complexes qu'on ne sait pas par où commencer pour s'y attaquer. Soit que vous compariez des possibilités qui ne sont pas comparables ; soit que vous ayez à prendre une décision immédiate à propos de quelque chose, alors que vous ne disposez pas de toutes les informations nécessaires ; soit que vous vous sentiez incapable de prendre une décision, car chaque mini-décision que vous envisagez semble vous mener à une autre qui aurait besoin d'être prise d'abord… et celle-ci à une autre encore… Donc vous vous sentez dans un labyrinthe.

Les tâches massives et les problèmes complexes peuvent surgir n'importe où. Ils peuvent concerner le travail ou la maison, des détails pratiques ou des mélanges tortueux d'émotions. Cependant, voici quelques conseils simples qui vous aideront à vous en dépêtrer.

✔ Les problèmes peuvent être plus faciles à résoudre si vous avez un système de résolution.

À ESSAYER

Voici une stratégie pas à pas qui vous aidera à démêler un mammouth complexe, en vous permettant de savoir ce qu'il implique et par où commencer pour le dompter. Je vais l'illustrer à travers l'exemple d'anecdotes concernant deux de mes clients, en vous guidant à mesure que j'avancerai dans le récit de leur expérience.

Étape 1 : décrivez votre problème

Lorsque nous racontons l'histoire de notre mammouth, que ce soit à nous-mêmes, à un ami, ou à un professionnel qui est là pour nous aider, cela nous aide à nous dégager des détails qui nous encombrent l'esprit, et nous permet ainsi de mettre en lumière les problèmes ou des questions sous-jacents qui doivent être résolus.

Jenny travaillait depuis une quinzaine d'années au service formation d'une grande entreprise. Elle aimait son travail et ses collègues, et avait eu une promotion à deux reprises. Son entreprise a fusionné avec celle d'un concurrent, qui a engagé toute une série de réformes pour rationnaliser le fonctionnement de la nouvelle structure. Pour éviter que certains postes soient redondants ou simplement pour évaluer le bien-fondé de certains emplois, la direction a invité une grande partie du personnel à présenter une candidature en interne. Tout le monde était donc très inquiet.

Jenny se disait qu'elle ferait mieux de commencer à regarder les offres d'emploi, au cas où. Une offre lui plaisait beaucoup, mais le poste était à une heure de route de chez elle. Elle proposa tout de même sa candidature, même si elle n'était pas sûre de vouloir le poste, et eut la surprise d'être convoquée pour un entretien. Son mari lui disait qu'elle devait accepter cet entretien, parce que le poste était mieux payé, même s'il impliquait de longs trajets. Jenny accepta donc cet entretien.

Au même moment, sa responsable lui fit une proposition qui exigeait une réponse rapide. Elle lui expliqua que, pour économiser le coût de salariés permanents, la formation ne serait plus assurée en interne et serait à l'avenir prise en charge par un organisme extérieur. Elle essaya de convaincre Jenny d'accepter un poste vacant au service ressources humaines, même si cela obligerait cette dernière à apprendre en grande partie les compétences nécessaires. Jenny devait avoir pris sa décision pour le lendemain, ce qui sous-entendait qu'elle devait s'estimer reconnaissante d'une telle proposition. C'est à ce moment-là que Jenny m'a téléphoné.

Plus Jenny réfléchissait, plus elle avait du mal à se décider. Devait-elle prendre le poste aux ressources humaines, qui lui assurait un emploi stable ? De toute façon, si elle ne le prenait pas, d'autres le prendraient à sa place… Je lui ai alors demandé : « De qui est-ce le problème ? » Jenny a réalisé que, quelle que soit la décision qu'elle prendrait, elle n'était pas responsable du problème, ce n'était pas elle qui l'avait créé. Il venait du besoin de réorganisation de son entreprise. Bizarrement, elle se sentit mieux lorsqu'elle comprit qu'une partie de l'urgence et de l'incertitude qu'elle ressentait lui était infligée par sa responsable. Les gens consciencieux ont souvent tendance à se sentir responsables lorsqu'ils ne le sont pas.

Une autre de mes clientes, Paula, était malheureuse en mariage depuis des années, mais supportait les abus de son mari Alan pour préserver les enfants. Nous avons travaillé ensemble quelque temps, et elle a finalement pris la décision de quitter son mari.

Quelques jours après, Alan a eu un grave accident en rentrant de la fête de Noël de son entreprise. Il avait une jambe très abîmée, et l'autre risquait d'être amputée. Noël approchait aussi à grands pas. Pour ces deux raisons, Paula a choisi d'attendre quelques jours pour annoncer sa décision à son mari.

À ESSAYER (SUITE)

<u>Étape 2 : définissez ce que vous voulez vraiment</u>

Demandez-vous ce que vous voulez vraiment. Il est important d'avoir votre objectif clairement défini à l'esprit. En vous demandant de définir un objectif à plus long terme, vous surmontez vos confusions présentes et cela vous donne une ligne à suivre vers un avenir que vous voulez et pouvez commencer à moduler.

Ce que Jenny voulait était un poste intéressant, adapté à son expérience et qui lui permettait d'être plus autonome.

Paula voulait toujours quitter Alan, mais elle savait qu'elle culpabiliserait si elle le faisait, et elle se disait que les enfants et la famille d'Alan penseraient qu'elle était sans cœur.

✔ POUR VOUS AIDER

Essayez de définir votre objectif ultime de façon aussi claire et limpide que possible dans votre esprit. Trouvez une phrase courte qui le résume.

À ESSAYER (SUITE)

<u>Étape 3 : reconnaissez les obstacles qui s'opposent à vous</u>

En essayant d'exprimer clairement votre objectif ultime, il se peut que, comme Paula, vous déviiez du sujet et vous retrouviez à arguer intérieurement combien est difficile, impossible ou désagréable le chemin qui vous mène à cet objectif. Il est possible que vous vous disiez à vous-même : « Mais ça ne pourrait pas arriver, parce que... », ou : « Mais alors le résultat serait que... », ou bien encore : « Mais pour que ça puisse se passer, il faudrait qu'untel fasse telle chose, et je ne peux pas lui demander ça. » Prêtez attention à des discussions intérieures :

elles sont en général de bons indicateurs de ce qui vous bloque ou vous empêche d'avancer. Les objections au changement peuvent se référer au passé (ça a toujours été comme ça), au présent (et maintenant me voilà coincé) ou à l'avenir (si je faisais ça, alors il se passerait immanquablement telle chose). Donc vous pouvez voir tout de suite qu'elles sont une partie importante de ce qui vous empêche d'avancer, comme vous le savez déjà. Il peut être judicieux de noter ces objections intérieures par écrit.

Une fois que vous avez mis en évidence ces obstacles supposés, vous êtes mieux à même de comprendre la contribution de votre propre état d'esprit à la taille de votre mammouth, et vous pouvez commencer à le remettre en question. Vous pouvez par exemple vous demander : « Est-il bien sûr que ça ne pourrait pas arriver, ou qu'il se passerait immanquablement telle chose ? », « Comment puis-je être si sûr que je ne peux rien y faire ? », « Serait-il possible de trouver un moyen de montrer à telle personne que ça l'aiderait, en fait, autant que moi ? ».

Ces arguments internes sont en général basés sur des convictions que vous entretenez sur « les choses telles qu'elles sont ». Nous avons tous besoin de faire des simplifications pour comprendre le monde qui nous entoure, mais même si elles sont essentielles, ces simplifications ont des inconvénients.

La PNL identifie trois types de simplification : nous pouvons déformer l'information, la supprimer ou généraliser à partir d'elle. La déformation consiste généralement à interpréter ce qui se passe à la lumière de ce qu'on attend, de ce que l'on craint, ou de ce à quoi on est habitué. La suppression est le fait de ne pas tenir compte de quelque chose – soit tout simplement parce qu'on « ne veut pas le voir », soit parce qu'on est déjà submergé d'informations et que l'on n'y voit pas clair. La généralisation consiste à prendre un événement ou une observation, et à penser ou à agir comme si c'était toujours, ou jamais le cas – et d'interpréter un événement à la lumière de ce « mot d'ordre », plutôt que de l'examiner attentivement tel qu'il est.

Faire remonter vos convictions à la surface en les mettant en mots vous permet de commencer à vous demander dans quelle mesure elles peuvent avoir été modulées par l'un ou l'autre de ces processus.

Étape 4 : soyez clair sur ce qu'implique votre mammouth

Analysez. Interrogez. Repérez. Mettez vos réponses en détail par écrit. Établissez aussi des liens entre les différentes idées. Les faits sont connectés entre eux comme le fémur l'est au bassin ! Si votre problème vous semble fonctionner en cercle fermé, alors faites un schéma de ce cercle. Si vous avez l'impression de zigzaguer d'une chose à l'autre comme une boule de flipper, essayez de faire votre schéma en zigzag. Lorsqu'il y a des liens de cause à effet entre les choses, liez-les par des flèches. Si ça peut vous aider, ajoutez de la couleur. Donnez du problème une vision vivante et parlante telle que vous n'auriez pas pu le faire en dressant simplement une liste.

Le fait d'établir clairement de quoi est fait votre mammouth vous permet de mieux en démêler la complexité, et d'entrevoir les décisions et les actions possibles.

J'ai demandé à Jenny de faire la liste des avantages et des inconvénients de chacune des options qui s'offraient à elle. Y en avait-il des décisifs en eux-mêmes ? Elle a écrit les réponses suivantes :

Poste ressources humaines. *Avantages* : même entreprise, même salaire, pas de changement d'organisation au quotidien. *Inconvénients* : moins d'autonomie, nouvelles compétences à apprendre – pas sûre que j'apprécierais de travailler dans un nouveau domaine ; serais obligée de me qualifier dans ce nouveau domaine afin de pouvoir continuer à faire avancer ma carrière.

Poste à l'extérieur. *Avantages* : permet d'utiliser mes compétences existantes, nouvel environnement stimulant, plus positif, plutôt que de « faire avec » ce qu'on me propose. *Inconvénients* : risque de ne pas avoir le poste en fin de compte, temps et dépenses de trajets plus importants, moins de temps libre en-dehors du travail.

Puis j'ai demandé à Jenny d'imaginer qu'elle observait la situation en vue plongeante, depuis un site très élevé, ce qui lui permettrait de voir comme un ensemble tous les détails et leurs liens avec le problème. Ce faisant, elle a réalisé deux choses importantes : d'abord, que l'anxiété provoquée par l'obligation de prendre une décision dans l'urgence l'aveuglait, l'empêchant de voir l'opportunité de renouveler ses compétences et sa carrière en général ; ensuite, que si le service formation était fermé, elle serait probablement éligible à un licenciement économique.

La situation de Paula était, pour sa part, source de conflits intérieurs très lourds. Sa décision aurait des répercussions pour un ensemble de personnes importantes à ses yeux sur la façon dont elle serait jugée par tous ceux qu'elle et Alan connaissaient. Pour elle-même, ce qu'elle voulait, c'était partir. Elle voulait se libérer de l'emprise d'Alan, mais elle savait que les amis et la famille de ce dernier ne le voyaient pas comme elle, qu'il leur apparaissait comme un homme jovial et authentique, mauvais caractère mais bon cœur, et qu'ils la rejetteraient. En outre, si elle quittait son mari alors qu'il venait de subir une amputation, est-ce qu'un juge aux affaires familiales la considèrerait digne d'avoir la garde des enfants ? Arriverait-elle même à se regarder en face ? Telles étaient ses craintes. Ce qu'elle ne voyait pas, en revanche, c'est qu'elle avait besoin de se faire conseiller par un avocat et de trouver de l'aide professionnelle.

✔ POUR VOUS AIDER

Adopter un point de vue d'ensemble des choses (comme une « vue aérienne » du problème) peut vous aider à prendre conscience que vous disposez, en réalité, de plus d'informations ou que vous avez des priorités plus claires que ce que vous pensiez. Des sentiments empêchent souvent les informations qui se trouvent au second plan d'arriver au premier plan de la conscience, or c'est là que vous pouvez les utiliser pour créer une image plus riche et découvrir plus d'interventions possibles. Les données retenues au niveau de l'inconscient, ou simplement sous-estimées, peuvent parfois faire toute la différence une fois que vous les avez débusquées. Soyez curieux. Lorsque vous parlez avec toute autre personne impliquée, soyez aussi ouvert et aussi clair avec elle que vous le pouvez.

À ESSAYER (SUITE)

Étape 5 : quelles sont les choses les plus simples que vous puissiez faire ?

Mettez en lumière ce qui vous est le plus accessible, et ce qui est urgent et ne « demandera pas de mal ». Vous cherchez des moyens simples de mettre les choses en mouvement, et ce sont là les deux points par lesquels commencer. Rappelez-vous que les petits changements tout simples peuvent parfois avoir des résultats disproportionnellement importants, parce que tout changement a des répercussions. Ça peut suffire d'envoyer un e-mail, de passer un coup de téléphone, de faire une chose différemment (ou de ne pas la faire) dans un schéma répétitif pour commencer à le modifier.

Jenny avait compris qu'elle avait besoin de plus d'informations pour prendre sa décision en connaissance de cause. Elle identifia trois choses à faire pour l'aider dans son choix :

- demander un entretien immédiat avec la DRH pour en savoir plus sur son éligibilité au licenciement économique ;
- informer sa responsable qu'elle ne pouvait pas prendre une décision ferme tant qu'elle n'avait pas ces informations ;
- se faire conseiller par un avocat si nécessaire.

Dès son arrivée au travail, le lendemain matin, Jenny prit rendez-vous auprès du service des ressources humaines. Puis elle alla voir sa responsable, accompagnée d'une de ses collègues et amie pour la soutenir. La collègue prit des notes de ce qu'elle disait, au cas où des malentendus se formeraient ultérieurement, et l'accompagna aussi à son entretien avec la DRH. À la fin de cet entretien, il était clair que Jenny serait éligible à un licenciement économique et elle informa sa responsable par écrit que, dans ces conditions, elle ne souhaitait pas prendre le poste en interne. Et elle décida aussi de maintenir son rendez-vous dans l'autre entreprise, car elle restait en quête d'un nouveau poste intéressant.

Paula, de son côté, appela plusieurs avocats spécialisés dans les divorces. Elle se procura également le numéro d'un centre d'hébergement pour femmes dans une ville voisine (« juste au cas où »). Elle chercha aussi dans les petites annonces des offres d'emploi auxquelles elle pourrait répondre. Elle savait qu'elle devait préparer le terrain avant de faire le grand saut.

À ESSAYER (SUITE)

Étape 6 : quelle est la pire issue que vous puissiez imaginer ?

Demandez-vous : « Si je choisissais la mauvaise approche, quelle serait la pire chose qui pourrait arriver ? » Aussi effrayant que ça puisse paraître, à bien y penser, peu de décisions dans la vie sont entièrement mauvaises – et il y a assez peu de chances de toutes façons que vous puissiez savoir à l'avance lesquelles ce serait. Parfois, « Allez, lance-toi » est vraiment le meilleur conseil que vous puissiez vous donner à vous-même. Passer à l'action permet de débloquer le scénario : les choses seront différentes ensuite. Le nouveau scénario que vous venez de créer vous donne la chance d'un nouveau départ, de prendre les choses en main et d'influer sur ce qui se passera dans l'avenir – vous avez donné un impact à votre mammouth, et, ce faisant, vous vous êtes prouvé à vous-même que vous n'avez plus à en être la victime.

Même si Jenny y voyait plus clair, son avenir était toujours incertain. Elle redoutait le licenciement économique et le risque de chômage. Mais elle ne regrettait pas son refus. Comme son compagnon travaillait, ils pourraient tenir ainsi quelque temps s'il le fallait. « Nous en avons parlé, et nous sommes sûrs tous les deux que ce serait mauvais pour chacun de nous si je prenais un poste qui ne me correspondait pas – donc il n'y a vraiment pas d'autre décision à prendre », dit-elle. L'entretien pour le poste en externe se passa bien et Jenny se sentit appréciée, mais le poste fut finalement attribué à un autre candidat. Deux mois après l'entretien, Jenny fut cependant recrutée sur un autre poste qui lui convenait encore mieux.

Paula n'imaginait que trop bien le pire qui pourrait arriver. Même diminué, Alan pouvait avoir bu et se montrer violent s'il se sentait attaqué – mais elle avait déjà vécu ça et était arrivée à le surmonter.

Elle se disait qu'un emploi où elle était hébergée pouvait lui offrir une bonne protection. Elle savait que la famille d'Alan lui serait hostile – mais elle pouvait lui faire face si nécessaire. Elle avait redouté que les enfants se retournent contre elle, mais espérait que, une fois en dehors des tensions et des disputes constantes, ils commenceraient à accepter l'idée du divorce de leur parents. Réfléchir à tout cela avait renforcé Paula dans sa résolution, et elle prit rendez-vous avec un avocat spécialisé dans le divorce.

À ESSAYER (SUITE)

Étape 7 : quelque chose vous a-t-il échappé ?

Peut-être avez-vous suivi les étapes précédentes, mais comment être sûr que vous avez vraiment pensé à tout ? Voici un moyen de le savoir. Toute situation dans la vie touche à au moins un des niveaux neurologiques de la PNL, alors utilisez-les comme une checklist (pour plus d'explication sur ces niveaux, référez-vous au paragraphe « Un changement à un niveau insignifiant peut parfois suffire à modifier les choses à un niveau plus important », p. 73). Demandez-vous ce que votre mammouth complexe peut impliquer à chacun de ces niveaux.

- Considération et contraintes pratique (facteurs environnementaux).
- Actions réalisées, non réalisées, ou devant être réalisées (facteurs comportementaux).
- Informations et aptitudes (capacités).
- Certitudes et principes (valeurs et croyances).
- Questions sur vous en tant qu'individu unique (identité).
- Sens de votre présence au monde (votre « mission » dans la vie). Tous les soucis personnels ne posent pas des questions aussi fondamentales que celles du sens de notre existence, mais il est toujours bon de vérifier si des questions aussi profondes sont soulevées.

Tous ces points sont importants lorsqu'il s'agit de s'attaquer à un mammouth, mais ceux de la fin de la liste sont souvent cruciaux – et tout aussi souvent sous-estimés ou cachés. Prenons un exemple de la vie de tous les jours et parcourons cette liste avec.

La télévision que vous venez d'acheter s'avère défectueuse (environnement), il est évident qu'elle doit être remplacée ou remboursée (comportement). Pour être sûr de votre position en allant affronter le fournisseur, vous allez devoir retrouver le ticket de caisse et relire (ou lire) les conditions d'échange et de remboursement (capacités : ce que vous savez et la façon dont vous pouvez aborder l'autre personne). Ces points sont relativement clairs et simples. Cependant, il est plus que probable que ce mammouth émane de vos valeurs et de vos croyances. Par exemple, vous pensez peut-être quelque chose comme : « Je sais que je suis dans mon droit, mais affronter le vendeur sera sans doute un moment de tensions et de désaccord, et je n'arrive jamais à garder les idées claires lorsque quelqu'un me fait sentir que je l'importune, ou quand on essaie de me convaincre que je n'ai pas droit à quelque chose. » Enfouie sous ces pensées se trouve une interrogation sur votre efficacité dans la confrontation. À moins que vous vous disiez : « Je crois que je préférerais me faire rembourser, mais que faire si on me propose un avoir ? Cela impliquerait que je me batte deux fois et non pas une seule. » En pensant ainsi, vous supposez que demander un remboursement va être difficile, parce que le vendeur va vous proposer quelque chose que vous ne voulez pas.

Je me rappelle avoir une fois imaginé exactement ce type de scénario lorsque je voulais échanger un vêtement que j'avais acheté pour ma fille et qui était trop petit. J'expliquais d'un air désolé mon problème au vendeur, quand, à ma grande surprise, il a dit : « Pas la peine de vous excuser. Si vous n'étiez pas là pour faire des réclamations, je n'aurais pas de travail. » Fin de l'histoire ! Et une expérience très instructive pour moi.

✔ POUR VOUS AIDER

En apparence, un mammouth mineur comme celui-là a peu de chances de remettre en question le sens de notre existence, mais il peut tout de même toucher à des sujets importants comme la personne que vous pensez être et la façon dont vous aimeriez que les autres vous considèrent (identité). Êtes-vous quelqu'un de conciliant ? Comment le prendriez-vous si quelqu'un pensait de vous que vous n'êtes « pas commode », que vous êtes « procédurier » ou que « vous ne vous laissez pas marcher sur les pieds » ? Si ces idées vous mettent mal à l'aise, votre mammouth, qui consiste simplement à rendre des articles qui ne conviennent pas, touche en profondeur à votre identité et à votre place dans le monde. Pas étonnant que vous remettiez sans cesse à plus tard de retourner au magasin – peut-être au point de laisser passer la limite de durée pour un échange ou un remboursement.

Une fois que vous avez identifié le vrai sujet de fond sur lequel est fondé votre mammouth, il devient bien plus facile de démêler les problèmes dont il est fait, de désinvestir les émotions en jeu et de passer à l'attaque. Au passage, vous avez peut-être aussi commencé à démolir un mammouth légèrement différent et un peu plus significatif que celui auquel vous pensiez avoir affaire. En faisant le nécessaire pour le faire diminuer, vous êtes également devenu plus grand et plus fort.

Chapitre 7

LE POIDS DES OBLIGATIONS

Les mammouths que j'ai explorés au chapitre précédent mettaient mes clientes face à des décisions urgentes, impliquant des questions d'organisation pratique complexes. Dans ce chapitre, je voudrais décortiquer les défis posés par les mammouths, soulevant des questions émotionnelles plus diffuses, comme les obligations ou le fardeau des engagements. Pour ce faire, je vais passer en revue certaines sources d'obligations et de ressentiment courantes, quoique controversées, comme Noël, les notions de dette, de gratitude et de loyauté envers la famille.

Chaque mammouth peut attiser de puissantes émotions, mais le poids des obligations ressenti par rapport aux sujets que nous traitons ici est ce qui a le plus de chances de vous « remuer » à des niveaux neurologiques plus élevés : vos croyances, vos valeurs et votre identité.

Même s'il est possible de se sentir oppressé par ses obligations professionnelles, il est plus courant que ce soit le cas dans ses relations personnelles les plus importantes comme l'amitié et la famille. Cest donc sur ces rapports que ce chapitre est centré. L'une des raisons à cette situation est que chacun d'entre nous a été un enfant un jour et se sent éternellement redevable envers ses parents. Ce sentiment est souvent enfoui dans l'inconscient. Il tient autant à l'impuissance relative des enfants et au fait qu'ils perçoivent les adultes comme tout-puissants qu'à la façon dont l'éducation qu'on a reçue est perçue en elle-même (bénéfique ou non). Grandir physiquement ne veut pas forcément dire grandir émotionnellement. Lorsque nous nous trouvons en présence de membres d'autres générations, de vieux schémas et de vieilles réactions se réveillent bien souvent, même lorsqu'ils ne sont plus d'actualité. Les sentiments de loyauté familiale sont aussi forts qu'ils peuvent être déconcertants, et nous lient étroitement les uns aux autres.

Qu'est-ce qui transforme une obligation en fardeau ?

L'un des facteurs importants est la culpabilité. La culpabilité accompagne souvent le sens des obligations : l'impression de n'être pas vraiment à la hauteur fait bien vite surface chez la plupart d'entre nous lorsque nous essayons de faire ce qui est attendu ou désiré de nous. La culpabilité fait plus que nous mettre mal à l'aise ou nous faire douter de nous-mêmes : elle a souvent un effet paralysant, ce qui rend difficile de savoir ce que nous voulons vraiment et de faire ce qu'il faut pour l'obtenir. En d'autres termes, la culpabilité peut nous rendre moins authentiques, quel que soit notre âge.

Mais il y a un deuxième facteur, qui est le sentiment d'être redevable. L'être humain semble naître avec un sens très développé de l'échange et de ce qui est « juste » et, comme l'ont montré diverses études, cela pousse les gens à aller assez loin pour « rembourser » la « dette » qu'ils estiment avoir. Nous avons besoin, pour nous sentir à l'aise, que nos rapports avec les autres soient plus ou moins équilibrés. Et il semble que cela s'applique autant aux dettes portant sur de petites choses précises – par exemple, le prêt d'argent ou de choses matérielles – qu'à celles qui sont aussi complexes et inquantifiables que l'échange de services ou de faveurs au sein d'une famille. Lorsque vous avez le sentiment que quelqu'un vous « doit quelque chose », vous avez plus de chances de vous sentir agacé ou même en colère vis-à-vis de cette personne. Mais vous vous sentirez probablement tout aussi mal à l'aise si la « dette » est dans l'autre sens : les gens n'aiment pas se sentir obligés les uns envers les autres ; lorsqu'on n'arrive pas à rembourser sa dette, on se sent piégé et compromis. Et la dette en elle-même, dans ces cas-là, est généralement beaucoup moins un problème que le *sentiment de redevabilité* qu'elle entraîne. Les implications peuvent être nombreuses.

- Vous pouvez avoir l'impression que vous n'arriverez pas à rembourser votre dette et peut-être n'avez-vous aucune idée de ce que vous pourriez faire pour vous en acquitter. Par exemple, comment qui que ce soit pourrait-il « rembourser » ses parents ?

- Ce sentiment d'impuissance peut parfois vous amener à avoir du ressentiment envers la personne ou la situation envers laquelle vous êtes redevable. Puis à rentrer dans un cercle vicieux, en culpabilisant d'avoir ce ressentiment…

- Vous pouvez avoir l'idée que, parce que vous avez d'une manière ou d'une autre profité d'une personne (par exemple, elle vous a fait une faveur), vous n'avez pas le droit d'émettre de plainte ni d'objection.

- Il peut arriver que votre identité même, votre sens de la personne que vous voudriez être, ou même que vous pourriez être, commence à se compromettre. Il est possible de se sentir pas à la hauteur, dépendant, amer, ou même rabaissé, en recevant la générosité de quelqu'un.

Le troisième facteur est le « coût » supposé qu'il y aurait à faire changer les choses. Modifier une organisation établie a obligatoirement des répercussions, et implique toujours le risque de faire « basculer la barque ». D'une façon ou d'une autre, faire changer les choses se paie toujours, et bien souvent c'est ce qui nous empêche de le faire.

L'important, cependant, est de prendre pleinement conscience de ce que serait ce coût – et peut-être d'en faire prendre conscience à d'autres personnes. Une fois que vous savez ce que vous payez, et en échange de quoi, vous pouvez décider si ça en vaut vraiment la peine.

Ne vous sentez pas oppressé d'être redevable

Qu'est-ce qui fait la différence entre quelqu'un qui se sent à son aise dans le fait de devoir quelque chose, et quelqu'un qui se sent piégé ? Ça peut être le fait de savoir ce qu'il y aurait à faire pour s'acquitter de cette dette (rembourser un loyer, retourner une invitation). Ça peut être le fait de comprendre, peut-être pour la première fois, que l'autre a fait le geste pour lequel vous êtes redevable de bon cœur, voire qu'il n'attend rien en échange.

Il y a quelques années, alors que nous avions des fins de mois très difficiles, de bons amis, sans que nous nous y attendions, nous ont fait un chèque de mille livres. « Nous pouvons nous en passer et nous ne souhaitons pas être remboursés », ont-ils dit. Quelque temps plus tard, alors que nos finances se portaient mieux, nous avons appris qu'un autre de nos amis avait un besoin urgent d'argent. Nous lui avons demandé ses coordonnées bancaires et avons transféré l'argent nécessaire sur son compte. Nous nous rendions compte à l'époque

que nous apprécions de « transmettre » ce geste généreux. Je pense aujourd'hui que c'est parce que dans notre esprit, nous nous devions de rembourser d'une manière ou d'une autre. Nous savions que nous n'avions pas à rembourser ce prêt en lui-même : il n'y avait, entre nous et nos amis, pas d'obligation autre qu'affective. Cette expérience nous a cependant incité à un acte joyeux, généreux et sans arrière-pensée, fondé sur les mêmes sentiments de bienveillance et d'amitié que celui qui avait inspiré nos amis.

Trouvez le chemin de la liberté

D'après mon expérience, ce qui compte le plus est l'impression d'avoir *le choix*. On peut accepter toutes sortes d'obligations et faire toutes sortes de compromis, sans se sentir compromis – tant que l'on est assuré que l'on est libre de choisir. Les histoires respectives de deux de mes clients, et le contraste entre leurs conséquences, illustrent clairement cela :

Il y a quelques années, un de mes clients nommé Lee était venu me voir car il souffrait de migraines. Il avait essayé divers traitements et suivait une cure médicamenteuse prescrite par son docteur. C'était d'ailleurs ce dernier qui m'avait envoyé Lee, parce qu'il pensait qu'il pouvait y avoir des causes plus profondes en jeu. Lorsque Lee s'était marié, sa femme avait exigé que sa mère, qui était veuve, vive avec eux, et Lee n'avait pas trouvé la force de s'y opposer. Pendant des années, il y avait eu « trois personnes dans ce mariage ». Lee s'entendait plutôt bien avec sa belle-mère, mais il avait du mal à accepter de devoir partager le temps et l'attention de sa femme avec elle.

Au fit du temps, la santé et le caractère de la belle-mère s'étaient détériorés, et Ruth, la femme de Lee, s'en occupait beaucoup. La vie sociale du couple était limitée, car il fallait toujours que quelqu'un reste à la maison. Au bout d'un moment, la femme de Lee a même dû abandonner son travail, qu'elle appréciait beaucoup. Lorsque Lee est venu me voir, sa vie de famille se résumait à la compagnie d'une vieille femme infirme et acariâtre, et les migraines qu'il avait par intermittences depuis des années étaient devenues intenses et régulières.

Un jour, j'ai demandé à Lee comment il se sentait par rapport à sa situation familiale. « Oh, a-t-il répondu, je fais avec, je mets juste sa mère dans un coin de ma tête. » En disant cela, il se rendit compte qu'il avait porté sa main vers l'endroit précis de sa tête où il disait ressentir la plus grande partie de ses douleurs de migraine. « C'est donc ça, ce que je fais d'elle, a-t-il dit d'un air déconcerté. La douleur dans ma tête, c'est elle. » Ce fut le début d'un long et minutieux processus de clarification, dans son esprit d'abord, puis avec sa femme – sur la façon dont ils pourraient organiser l'avenir. L'idée principale qui leur avait échappé, c'est que l'obligation qu'ils avaient prise au début de leur mariage avait changé de manière radicale. La femme d'en pleine santé, avec sa vie sociale indépendante, était devenue infirme physiquement et mentalement, donc dépendante à plein temps. Mettre à plat cette situation permit à Lee et à sa femme de voir qu'il était temps pour eux de trouver pour la mère de Ruth une place dans une maison de retraite, où elle recevrait les soins et l'attention dont elle avait besoin, ce qui leur permettrait de retrouver la vie de couple « normale », car celle-ci s'était érodée au fil du temps sans qu'ils s'en rendent vraiment compte. Sans grande surprise, les migraines de Lee ont commencé à s'espacer et à s'estomper progressivement.

Ron, un de nos amis de longue date, était professeur et adorait son métier, qu'il exerçait auprès d'adultes. Quand il eut une quarantaine d'années, il devint clair que sa mère, qui vivait à des centaines de kilomètres, commençait à perdre la tête. Son père avait du mal à faire face et, après avoir mûrement réfléchi, Ron décida de louer sa maison et d'aller s'occuper de sa mère aussi longtemps que cela serait nécessaire. Il emménagea avec ses parents, devenant ainsi l'aide quotidienne de sa mère, tandis que la maladie continuait de s'aggraver et que ses deux parents étaient de plus en plus fragiles. Un jour, à l'occasion d'une des brèves visites que Ron rendait à ses locataires pour vérifier que tout se passait bien dans sa maison, je lui ai demandé comment il vivait tout ça. Je fus surprise et impressionnée de découvrir qu'il ne ressentait aucune amertume vis-à-vis des changements importants qui étaient intervenus dans sa vie. Il était fasciné par les fluctuations de la capacité de sa mère à comprendre la situation et à entretenir des liens familiaux, et il disait que la chose la plus importante qu'il avait découverte était que, dans le contexte du soutien et de la présence qu'il lui apportait au quotidien, sa mère arrivait à communiquer beaucoup plus efficacement que quiconque aurait pu le croire possible. Ron s'était mis à s'informer sur les dernières recherches à propos de la démence et de ses formes de traitement, et resta avec ses parents jusqu'à leur mort. Ce n'est qu'alors qu'il revint chez lui et reprit le travail.

Le contraste entre ces deux exemples illustre combien une obligation peut être ressentie de façons différentes, et combien cela dépend des convictions, des valeurs et des attitudes que l'on peut mettre en jeu dans chaque situation. Ce n'est pas une question de morale – il ne s'agit pas que ce soit « bien » ou « mal » d'accepter ce qui vous arrive –, mais plutôt une question de savoir comment vous concevez l'obligation en vous-même et dans quelle mesure ça « colle » avec la personne que vous vous sentez être.

Comme le dit Mr Spock dans un épisode de *Star Treck* : « Il y a toujours des alternatives. » Mais il arrive bien souvent que nous ne sachions pas les voir. La stratégie pas à pas destinée à y voir plus clair, que j'ai exposée dans le chapitre précédent, peut vous aider à réaliser que, en dépit des apparences, des choix s'offrent à vous, et à comprendre lesquels. Penchons-nous maintenant sur un sujet capable de générer des malentendus plus souvent qu'à son tour : la question de l'organisation de Noël.

Noël est-il vraiment ce qu'il est censé être ?

Depuis plus de vingt ans que je travaille comme thérapeute, l'un des sujets les plus couramment abordés par mes clients est celui de Noël. Dans mon bureau, le compte à rebours annuel induit par la question du : « Que faire et avec qui ? » commence généralement au début de l'automne, et son pendant ultérieur : « Qu'est-ce qui a mal tourné et comment faire pour que ça ne recommence pas ? » alimente généralement les conversations jusqu'à Pâques. L'idéal partagé et espéré par presque tous est que Noël soit un « moment privilégié », où l'on se retrouve en famille pour se détendre, partager des repas raffinés, voir des amis et, plus globalement, faire la fête. Si vous avez de la chance, c'est peut-être comme cela que ça se passe pour vous, mais la réalité est souvent différente : on peut se sentir poussé à dépenser de l'argent que l'on n'a pas en cadeaux, en nourriture et en décoration de saison, et la plupart des gens passent des heures dans les magasins, à faire la cuisine et se côtoyer sans la distraction des occupations habituelles, donc avec peu de moyen d'échapper à ce qui les agace chez les autres. S'il y a un événement lourd d'obligations, c'est bien Noël ! Si votre dernier Noël correspond à cette description, peut-être ressentez-vous de l'anxiété, de la colère à l'approche du prochain, comme si un piège se refermait sur vous.

En même temps, il est probable que vous vous sentiez coupable, parce que « Noël devrait être un moment de réjouissance et de plaisir », et parce que vous savez qu'au fond de vous vous aimez profondément votre famille. (Et si pour certains de ses membres ce n'est pas si sûr, cela ne fait qu'ajouter à votre malaise.) Vous voilà happé par la piège des obligations : la conviction que vous devriez faire quelque chose que vous n'avez pas forcément envie de faire et la conviction que ce malaise que vous ressentez à l'approche de Noël a quelque chose de coupable.

Cet imbroglio d'émotions et de convictions enfouies peut être éreintant à gérer, mais la méthode exposée au chapitre précédent peut vous donner une structure pour faire le tri, y voir plus clair et trouver de nouvelles façons d'avancer. Je m'appuierai sur l'exemple de mes clients Jen et Harry pour vous montrer de quelle façon elle peut vous aider.

Étape n° 1 : décrivez le problème

Le simple fait de décrire votre « Noël problématique », à vous-même ou à une personne en qui vous avez confiance, peut faire remonter à la surface les convictions et les émotions jusqu'alors enfouies. En identifiant en quoi la réalité à laquelle vous êtes confronté ne correspond pas à l'idéal commun que devrait être cette fête, vous pouvez commencer à découvrir ce que vous désirez changer. Avec un peu de chance, vous commencerez aussi à accepter que les difficultés que vous pouvez avoir rencontrées ou que vous anticipez ne sont pas nécessairement votre faute – ni, d'ailleurs, celle des autres. L'idéal de Noël véhiculé par notre société actuelle touche intrinsèquement à des questions qui sont sources de stress pour la plupart des gens tout au long de l'année :

- l'argent ;
- être confiné pendant un certain temps avec les mêmes personnes ;
- passer du temps avec des gens avec lesquels vous ne choisiriez pas forcément de passer du temps de façon générale ;
- se coucher tard, boire et manger plus que d'habitude ;
- interrompre les activités de la vie de tous les jours.

Identifier lesquels de ces points vous affectent, et dans quelle mesure, peut ouvrir des possibilités de changement appréciables et accessibles. Faire la cuisine – ou sortir dîner ? Faire durer la soirée tant qu'il faudra ou fixer une heure limite ? Avec en tête le vieil adage : « Le poisson et les invités ne sentent plus bon au bout de trois jours », ma mère nous a une fois demandé de lui dire combien de jours nous souhaitions l'accueillir. Cela a dû lui demander un courage certain, mais cela a nous a permis à tous de fêter Noël sur des bases claires, donc sereines !

Harry était la première personne de sa famille à avoir fait des études. Ses parents tenaient un étal sur le marché, ils étaient donc enchantés quand il décrocha son diplôme de comptable, même s'ils étaient un peu déçus de voir qu'il ne souhaitait pas leur succéder dans l'entreprise familiale. Les débuts de la carrière d'Harry étaient prometteurs et il était ravi d'avoir pu s'acheter une grande maison, offrir une nouvelle voiture à ses parents et leur faire de généreux cadeaux aux anniversaires et à Noël.

Au bout de quelques années à recevoir de grandes tablées à la saison des fêtes, Jen, la femme d'Harry, commença à trouver injuste qu'ils assument ainsi le travail et le coût que cela représentait. Elle avait l'impression qu'ils étaient exploités par les oncles, tantes et cousins sous prétexte que, aux yeux de tout le monde, ils « en avaient les moyens ». Harry avait l'impression de devoir à ses parents cette générosité, et il ne voyait pas de moyen de modérer les choses car, comme on disait chez lui, « la famille, c'est la famille, et en famille on partage tout ». Ce n'est que lorsque lui et Jen ont commencé à se disputer à ce sujet qu'ils ont envisagé de se faire aider.

Étape n° 2 : définissez ce quevous voulez vraiment

Je rappelle souvent à mes clients qu'ils peuvent faire toutes les concessions auxquelles ils sont préparés, mais que les concessions ne sont raisonnables et acceptables que si *on a d'abord défini clairement à l'avance ce qu'on veut vraiment pour soi-même.* Les gens pensent parfois que c'est « égoïste », mais si vous n'établissez pas ce que vous voulez, vous n'aurez pas de base ferme pour faire des demandes, pour gérer celles des autres ou pour négocier un intermédiaire acceptable.

En demandant à Harry et Jen ce qu'ils voulaient vraiment, je leur ai fait admettre – à eux-mêmes comme à moi – que leur vraie préférence serait de fêter Noël tranquillement avec leurs parents et leurs enfants.

Étape n° 3 : identifiez les obstacles

Lorsqu'un mammouth implique d'autres personnes, faire changer les choses exige une discussion ou une explication. Et c'est bien souvent la peur de la confrontation qui empêche de dire ou de faire quelque chose.

En suivant cette méthode, Harry et Jen ont commencé à réaliser que leur peur d'expliquer leurs souhaits et leur ressenti au reste de la famille était un blocage puissant qui empêchait tout changement. Ils craignaient que, quelle que soit la façon dont ils diraient les choses, leur famille se sentirait blessée et rejetée.

Étape n° 4 : soyez clair avec vous-même et avec les autres sur ce qu'implique un mammouth

Les émotions mammouths comme l'insatisfaction, la tristesse ou le ressentiment passent rarement inaperçues, même lorsqu'on ne les verbalise pas. Les gens sentent la présence de telles émotions, même quand ils n'ont pas envie d'en parler. Il y a une stratégie que je trouve efficace dans des cas comme celui-là. Cette idée vient du spécialiste en négociations sensibles George Kohlrieser (voir « Pour aller plus loin », p. 243) qui, un jour qu'il était en vacances en Italie, a eu l'occasion d'aider des pêcheurs à trier leur pêche. Pendant que ceux-ci déposaient les poissons un par un sur la table pour les vider, George Kohlrieser a réalisé qu'il y avait dans tout ça une métaphore essentielle : les entrailles des poissons ne se mangent pas, et plus tôt on les retire, moins elles causent de problèmes. Si on ne vide pas un poisson, elles pourrissent et le poisson est perdu.

Il en va de même pour ce qui nous agace les uns chez les autres. Quand on ne dit pas à quelqu'un qu'il nous contrarie ou qu'il nous déçoit, ces « entrailles » inexprimées peuvent pourrir la relation. Si vous mettez le problème « sur la table » pour en discuter pendant qu'il est frais, il peut être traité et éliminé rapidement avant que les dégâts soient trop graves, et le « festin » offert par les parties nobles du poisson ne sera pas gâché.

Cependant, il est possible d'éviter d'aborder le sujet en termes de personnalité, ce qui est toujours épineux, et de se centrer plutôt sur les aspects pratiques. C'est cette approche que Jen et Harry ont décidé d'adopter.

Face à leur dilemme de Noël, devaient-ils endurer la formule habituelle parce que c'était devenu une tradition ? Devaient-ils dire aux autres que les festivités étaient annulées cette année ? Devaient-ils n'inviter que les membres les plus proches de leur famille – et si oui, quelle excuse allaient-ils donner aux autres ? Aucune de ces possibilités ne semblait vraiment jouable. Il fallait qu'ils fassent une autre sorte de changement – un changement qui redéfinirait complètement la formule.

Étape n° 5 : définissez les choses les plus simples que vous puissiez faire

Après une longue réflexion, Jen et Harry ont décidé d'inviter tout le monde à faire une grande fête pour le Nouvel An et de réserver quelques jours de vacances dans un hôtel à l'étranger pour eux et leurs parents. De cette façon, le moment et la durée de la fête en grand comité étaient modifiés, sans pour autant qu'ils ferment leur porte à tout le monde. « Beaucoup moins de travail, beaucoup moins de dépenses, mais nous proposons tout de même quelque chose de festif aux autres, s'ils décident de venir », dit Jen avec satisfaction.

Étape n° 6 : imaginez la pire issue possible

Alors qu'ils réfléchissaient à toutes les options possibles, j'ai demandé à Jen et Harry quelle était la pire chose qui pouvait arriver s'ils modifiaient la « tradition » de Noël à laquelle tous s'étaient habitués. Puis je leur ai demandé d'imaginer ce qu'ils ressentiraient si ces « peut-être » venaient à se réaliser. Voici quelques-unes de leurs réponses.

- Certains membres de la famille au sens large pourraient se sentir blessés ou en colère. Mais il s'agissait de personnes que Jen et Harry se sentaient obligés de voir et non pas de celles qu'ils avaient vraiment envie de voir. Donc, cela ne leur importait pas tant que ça.
- Peut-être que les gens de leur entourage – dans la famille plus éloignée et dans leur cercle d'amis – se mettraient à parler dans leur dos et à dire qu'ils étaient devenus « radins » puisqu'ils arrêtaient de recevoir leur famille comme ils le faisaient habituellement à Noël. Si cela arrivait et qu'ils l'apprenaient, bien sûr que Jen et Harry en seraient peinés. Mais ils réalisèrent aussi que personne ne peut contrôler les propos tenus dans notre dos et que, si le prix à payer pour que toute la famille soit contente était de continuer à acheter leur opinion avec des cadeaux, le sens du mot « famille » n'avait pas si grande valeur après tout.

Étape n° 7 : vérifiez que rien ne vous a échappé

Par précaution, refaites le chemin de votre raisonnement avant d'agir, juste au cas où… Puis passez à l'action. Décortiquez brièvement chacune des implications de vos obligations.

- Identifier les choses ou les personnes qui vous font vous sentir piégé.
- Quel est le « coût actuel » de votre dette ? (Qu'est-ce que ça vous fait faire ou vous empêche de faire ?)
- Qu'auriez-vous à faire pour vous acquitter de votre dette ?
- Y aurait-il des conséquences négatives à vous en acquitter « une bonne fois pour toutes » ?
- Que voulez-vous changer ?
- Êtes-vous prêt à donner un coup de pied dans la fourmilière en évoquant ouvertement ce que vous ressentez ? Si vous n'arrivez pas à changer la situation ou que vous n'êtes pas prêt à accepter ce qui pourrait se produire si elle changeait, pouvez-vous trouver un autre moyen de la concevoir, et donc changer la façon dont vous vivez intérieurement cette situation ?

Chapitre 8

LES MAMMOUTHS HISTORIQUES

Les mammouths que nous avons examinés jusqu'ici étaient tous ancrés dans le présent. Soit on est en proie à l'un deux actuellement, soit on craint de l'être un jour. Mais qu'en est-il des mammouths créés par les événements du passé ? Qu'en est-il des torts et des injustices anciens qui vous touchent encore aujourd'hui ? Qu'en est-il des erreurs que vous avez faites autrefois, des chances que vous n'avez pas saisies ou des moments où vous n'étiez pas fier de vous, où vous avez cédé aux autres et où vous l'avez regretté ? Ces choses-là aussi peuvent être des mammouths, et bien qu'elles semblent enfouies dans le passé, elles peuvent continuer à consumer votre énergie et vos pensées. Pouvez-vous y faire quelque chose ?

Bien sûr que oui. Les regrets, remords et autres souhaits non réalisés qui vous restent très présents à l'esprit peuvent tous être traités grâce à une approche nouvelle et plus efficace. Les gens parlent souvent d'« histoire pas réglée » pour évoquer ce type de chose. J'ai même entendu dire une fois, à juste titre je pense, que lorsque quelque chose est « une histoire pas réglée », cela veut dire que les choses ne se sont pas passées comme on le voulait.

Dans ce chapitre, je vais vous expliquer comment récupérer l'énergie que consomme ce type de mammouth, de façon à ce que vous soyez enfin en mesure de lâcher prise, et d'avancer. J'utilise le temps présent (« consomme »), parce que chaque fois que vous y pensez, chaque fois que vous ressentez la contrariété de la façon dont les choses se sont terminées, chaque fois que vous souhaitez que les choses soient différentes, vous ajoutez à l'émotion et à l'énergie à l'origine investies et consommées.

✔ Les mammouths du passé qui ne sont pas réglés sont comme les trous noirs de votre univers personnel : ils ont encore le pouvoir de vous aspirer.

Que signifie « passer à autre chose » ?

Lorsqu'on vous dit de « passer à autre chose », cela semble toujours aller de soi. Il y a un « Tu devrais » dissimulé dans cette idée : c'est comme si c'était non seulement possible, mais aussi moralement supérieur de vous dire à vous-même d'oublier et de tourner la page. Mais est-ce vraiment si facile ?

Il y a quelques années, le fils d'un couple d'amis a été renversé par un conducteur âgé qui conduisait trop vite. Il avait tout juste seize ans, c'était le milieu de la soirée, il rentrait d'un match qui avait eu lieu à son école, quand une voiture est arrivée à toute allure et l'a fauché alors qu'il traversait. Il est mort peu de temps après. La police a fait poursuivre l'homme pour conduite dangereuse, mais c'était loin de suffire à consoler ses parents.

Il n'est pas possible d'oublier un événement aussi dramtique, il n'est pas facile de pardonner – et ce n'est d'ailleurs pas forcément ce qu'il faut faire. Mais tant que l'on continue de vivre dans la colère, on se laisse dominer par son mammouth.

Passer vraiment à autre chose, c'est être capable de transformer l'énergie issue de la situation ou de l'événement du passé qui dirige vos pensées, vos émotions et votre comportement dans le présent – ou d'y puiser. Nos amis ont décidé que le jour de l'anniversaire de leur fils deviendrait l'occasion de célébrer sa vie plutôt que de pleurer sa mort brutale.

Tourner la page, cela implique d'entreprendre un certain nombre de choses.

- Avant toute chose, il faut arrêter d'espérer que les choses vont changer. La plupart du temps, cela revient à souhaiter que d'autres personnes vont enfin se mettre à penser comme vous. Voyez les choses en face : vous ne pouvez pas les y forcer. La seule personne que vous avez le pouvoir de changer, c'est *vous-même*. Tout le temps que vous avez passé à souhaiter que ces personnes-là se rangent à votre façon de penser est du temps passé enfermé dans un rôle de victime.

- Il vous faut abandonner votre rôle de victime, qu'il s'exprime dans vos rapports aux autres ou dans la façon dont vous vous considérez vous-même. Cela peut être confortable d'être une victime. On n'attend pas d'une victime qu'elle *fasse* quelque chose. Dès que vous accepterez de reconnaître cette passivité dans la souffrance qui est la vôtre, vous pourrez commencer à vous demander si vous souhaitez y rester. Si ce n'est pas le cas, adoptez un nouveau rôle, fait de défis et de difficultés (mais parfois aussi palpitant) : celui de la personne qui fait bouger les choses. Toutes les initiatives que vous prendrez changeront la situation et mettront les choses en mouvement. Même si vous faites des erreurs en chemin, au moins vous ne serez plus bloqué dans l'immobilisme.

- Acceptez que, même si vous avez fait une erreur ou que vous avez des torts envers quelqu'un, vous aviez vos raisons sur le moment. Les gens ne font pas des erreurs délibérément – ils font ce qui leur semble le mieux sur le moment. Si vous pensez maintenant que vous avez été égoïste ou injuste, vous allez devoir faire face à ce que ça dit de vous-même. Il va aussi vous falloir réaliser qu'une mauvaise action ne suffit pas à faire une mauvaise personne. Si vous avez fait la même erreur plus d'une fois et que vous pensez que vous fonctionnez selon un schéma établi, acceptez-le et interrogez-vous sur la façon dont vous pouvez le changer. Si quelqu'un vous a fait du tort, demandez-vous honnêtement si c'était intentionnel ou accidentel – ou simplement s'il s'agit d'un mauvais choix qui lui semblait en être un bon sur le moment ?

- Soyez réaliste sur ce qui est possible ici et maintenant. Vous ne pouvez pas revenir à l'époque où… Que pouvez-vous faire aujourd'hui pour ébranler le mammouth du passé et vous permettre, à vous-même et peut-être à d'autres personnes, de vous remettre à avancer ?

- Définissez des stratégies pour améliorer la situation et pour vous sentir mieux vis-à-vis de vous-même dans l'avenir Peut-être pouvez-vous présenter des excuses pour le tort que vous avez causé. Même si l'autre personne est morte, il n'est pas trop tard pour exprimer votre colère ou vos regrets : écrivez-les, mettez votre lettre à un endroit où vous pouvez la brûler sans danger et faites une petite cérémonie du pardon. L'important est de débarrasser votre esprit des débris de mammouth qui l'encombrent.

- Peut-être est-ce le moment de mettre les choses à plat avec la ou les personnes impliquées. Rappelez-vous que vous ne pouvez pas *obliger* les autres à voir les choses différemment. Peut-être que vous aurez à reconnaître qu'ils sont passés à autre chose et que c'est votre relation à vous-même qui a besoin d'être réparée. Faites en sorte de réinvestir l'énergie que vous avez ainsi libérée. Ce processus peut prendre la forme de nouveaux projets, de nouveaux comportements ou de l'apprentissage de nouvelles choses. Cela peut aussi simplement vouloir dire que, une fois que vous serez sorti de l'ombre de votre ancien mammouth, votre monde aura changé : vous verrez les choses sous un autre angle, vous les apprécierez mieux et vous retrouverez le sentiment de légèreté, de liberté et d'insouciance qui vous avait tant manqué.

L'histoire de votre mammouth

Il faut tout d'abord vous rappeler comment votre mammouth est apparu. Racontez-vous cette histoire, en vous demandant quelle part repose sur des faits et quelle part repose sur des interprétations et des jugements. Vous trouverez peut-être utile de le raconter par écrit : en vous relisant, vous remarquerez plus facilement les mots faisant écho à un jugement. La façon dont vous vous êtes raconté cette histoire depuis tout ce temps n'est pas un simple compte-rendu, elle est devenue en elle-même une partie du mammouth. Voici un exemple tiré de ma propre expérience.

Lorsque j'avais vingt-cinq ans, je travaillais comme assistante à l'université du Sussex. J'ai commencé à enseigner à mi-temps, puis j'ai pris le risque de démissionner de mon poste permanent pour accepter une mission d'un an pour remplacer un collègue en arrêt. Mon collègue a prolongé deux fois son arrêt et j'ai continué de le remplacer pendant deux ans. Puis un poste permanent s'est libéré et on m'a encouragée à postuler. Persuadée que ce poste était pour moi, j'ai considéré l'entretien comme une formalité. Je m'y suis à peine préparée et me suis comportée de manière très détendue envers le jury – composé de collègues que je connaissais bien. J'ai été abasourdie quand j'ai découvert que le jury avait chois une autre personne. Pendant les dernières semaines de mon contrat, je suis allée travailler avec la ferme conviction que l'on m'avait coupé l'herbe sous le pied. Des années plus tard, lorsque je me rendais sur ce campus, j'en voulais encore à l'inconnu qui faisait « mon » travail. J'avais l'impression que j'avais été trahie par des gens que j'appréciais et en qui j'avais eu confiance. Je me sentais victime.

Me raconter de nouveau cette histoire me montre à quel point c'est moi qui m'étais mise dans ce rôle. Cela ne m'avait pas traversé l'esprit que tout poste devait être proposé à plusieurs concurrents, et qu'une place dans une université aussi prestigieuse attirerait des candidats hautement qualifiés. Le fait d'être sur place ne faisait pas de moi pour autant la personne idéale. Je n'avais jamais pensé que j'aurais à faire un effort particulier ou à convaincre qui que ce soit, et n'avais pas imaginé que mes charmants collègues feraient passer la compétence avant la camaraderie. Ce n'est que bien plus tard que j'ai réalisé tout ça, après que j'ai passé de longues années à me sentir exclue, rejetée et sous-évaluée. C'était plus facile de rejeter la faute sur les autres plutôt que sur moi ! Je me sentais trahie – alors qu'il y avait tout simplement, ce jour-là, un meilleur candidat que moi.

Réécrivez l'histoire

Une fois que vous avez prêté attention à la façon dont vous vous êtes raconté l'histoire de votre mammouth, vous pouvez commencer à la réécrire. Vous ne pouvez pas changer les faits, ils doivent donc être mis en lumière et acceptés. Ce que vous pouvez changer, c'est l'interprétation que vous en faites, et la façon dont vous les laissez ou non vous dicter votre comportement et votre attitude dans le présent et dans l'avenir.

La métaphore de l'écriture nous aide à comprendre que, lorsque d'autres personnes sont impliquées, il y a deux façons possibles de modifier l'impact du passé. Les vieilles histoires peuvent être réécrites pour améliorer les choses dans le futur. Parfois il arrive même qu'on ait la chance d'avoir la coopération de l'autre personne pour ce travail de réécriture. C'est ce qui est arrivé à une de mes clientes, appelée Jodie.

Jodie faisait donner à sa chienne Mitzie des leçons chez un dresseur du quartier, appelé Jason, lequel proposa d'emmener Mitzie à un ou deux concours pour lui montrer comment ça se passait, puis d'apprendre à Jodie à l'entraîner. Mitzie apprit bien vite à défiler devant un jury et commença à gagner quelques médailles. Pendant un certain temps, Jodie apprécia même d'être l'heureuse propriétaire de cette jolie chienne acclamée par le public ; mais, au bout d'un moment, elle commença à avoir le sentiment que Mitzie était la chienne de Jason, et non plus la sienne.

En fin de compte, Jodie se dit que la seule façon de sortir de cette situation était de donner Mitzie à Jason. Elle décida de s'acheter un nouveau chiot et se jura de ne jamais laisser personne d'autre qu'elle s'en occuper.

Mais, comme elle voulait faire dresser et faire concourir son nouveau chien, elle ne pouvait pas éviter de croiser Jason ni d'entendre parler de lui. Lorsqu'ils se trouvaient en présence l'un de l'autre, elle n'était pas elle-même. Parfois, elle essayait de le charmer et de le flatter. Mais elle se sentait prétentieuse. D'autres fois, elle était froide et distante, ce qui n'était pas non plus sa vraie nature. Le mammouth de ce qui aurait dû arriver était là tout le temps, empoisonnant l'atmosphère, au cœur de sa vie sociale et de ses centres d'intérêt.

Avec l'aide de nos séances, Jodie comprit que, dans l'histoire qu'elle se racontait, Jason avait profité de son inexpérience, l'avait dénigrée et avait fini par s'approprier sa chienne. Ce qu'elle commençait à comprendre, c'est qu'elle était aussi responsable que lui de ce qui s'était passé.

Jodie décida d'écrire à Jason pour lui expliquer pourquoi elle était si bizarre quand elle le voyait et lui dire clairement qu'elle pensait désormais que ce n'était pas plus la faute de l'un que de l'autre. Elle lui écrivit qu'elle était convaincue qu'ils avaient tous les deux fait ce qui leur semblait le mieux, sans en prévoir les conséquences. Elle espérait qu'il serait d'accord pour la rencontrer, pour qu'ils puissent faire une croix sur cette histoire et trouver le moyen d'être plus à l'aise l'un avec l'autre. Et c'est ce qui se passa.

Jason avait lui aussi été peiné de la façon dont les choses s'étaient passées. À la fin de leur entrevue, ils se quittèrent en souriant et en se souhaitant plein de bonnes choses. Jodie avait enfin l'impression que le mammouth s'estompait – peut-être pour lui comme pour elle.

Et si nos « partenaires » dans l'histoire ne se montrent pas aussi coopératifs ? Même dans ce cas, vous pouvez apporter des changements véritables et durables si vous changez votre « rôle » en changeant la façon dont vous voyez la situation. Ce qui changera obligatoirement vos paroles et vos actions. Les « répliques » que vous leur donnez entraîneront donc des réponses différentes de leur part – créant ainsi une histoire différente, et si possible meilleure, pour l'avenir. L'histoire d'Eddie illustre bien la façon dont cela peut se produire.

Quand je travaillais comme thérapeute, Eddie est venu me voir parce qu'il ne s'entendait pas avec ses parents. Son frère aîné était mort à quinze ans dans un accident de voiture. Eddie était homosexuel, mal dans sa peau et avait toujours eu l'impression d'être comparé défavorablement à son frère, si sûr de lui, si doué, et hétéro. Après l'accident, il avait eu l'impression que ses parents idolâtraient encore plus son frère et le méprisaient aussi encore plus. Eddie faisait de son mieux pour être un fils acceptable, mais plus il vieillissait, moins les choses changeaient, et plus il souffrait de sa relation avec ses parents.

Ce dont Eddie n'avait pas conscience, c'est que chaque fois qu'il pensait à eux, ou qu'il racontait ou se racontait un épisode de cette histoire, il continuait à nourrir son mammouth. Chaque fois qu'il rejouait la même histoire en essayant de plaire à ses parents, il ne faisait que renforcer son sentiment d'aliénation. Chaque fois qu'il souhaitait qu'ils le voient tel qu'il était, il s'enfonçait un peu plus dans son rôle de victime trahie et dénigrée. Quelqu'un a appelé cela « le triomphe de l'espoir sur l'expérience » : arrêter d'espérer que ses parents allaient changer fut effectivement la première étape, douloureuse et cruelle, d'Eddie vers sa libération. Il décida de leur dire ce qu'il ressentait vraiment et de leur proposer de l'accepter tel qu'il était, avec ses qualités et ses défauts. Il ne pouvait pas les empêcher d'idolâtrer son frère mort, mais il avait le droit d'attendre d'eux un meilleur traitement. En particulier, il voulait qu'ils acceptent son petit ami, et qu'ils les accueillent en tant que couple.

En reconnaissant de quelle façon il avait contribué à sa propre victimisation et, en exprimant à l'avenir des exigences vis-à-vis du comportement de ses parents, Eddie commençait à se libérer du mammouth auquel il avait été attaché pendant si longtemps et à faire respecter son droit à définir lui-même la situation présente.

Posez un regard neuf sur votre mammouth

Tous les mammouths ne sont pas aussi accessibles que celui-là. Que peut-on faire quand on a manqué une opportunité à tout jamais, ou qu'on a été profondément blessé dans son honneur, ou si trop de temps a passé pour que cela importe à qui que ce soit de réécrire l'histoire ?

Dans des moments comme ceux-là, vous ne pouvez compter que sur vous-même – mais c'est peut-être amplement suffisant.

Une de mes clientes, Rachel, a réalisé tardivement combien elle était encore en colère contre son père (mort depuis des années) de lui avoir fait renoncer à un de ses petits copains quand elle était adolescente. C'était sa première vraie histoire d'amour et elle s'était longtemps demandée comment sa vie aurait pu être si cette relation avait continué. Non pas qu'elle n'ait pas eu une belle vie au final – c'est juste qu'on lui avait fermé une porte sans lui laisser le choix. Elle s'était accrochée pendant toutes ces années à un mammouth de possibilités, avec un sentiment de colère contre son père – qu'elle aimait beaucoup par ailleurs.

Un autre de mes clients, Barry, avait beaucoup apprécié son travail à la tête d'une petite équipe très performante au sein d'une grande entreprise – jusqu'à ce que l'équipe fusionne avec une autre, qui avait été dirigée de façon plus classique. Barry était chargé de superviser la nouvelle équipe ainsi formée, mais il y échoua totalement. Avant la fusion, il était personnellement apprécié et professionnellement valorisé : il savait qu'il n'avait pas changé dans son nouveau rôle, mais la façon dont les gens lui parlaient et le jugeaient avait changé. Les gens de son ancienne équipe se sentaient dépossédés et négligés, ceux de l'autre équipe n'appréciaient pas son style décontracté et informel, et le considéraient comme un manager médiocre.

Après plusieurs mois, l'atmosphère n'avait fait qu'empirer et les performances décliner. La direction décida d'opérer une restructuration qui mettrait Barry en licenciement économique. Il avait le sentiment que tout cela avait été géré dès le départ avec maladresse et en dépit du bon sens, et s'il était soulagé de ne plus avoir à subir les tensions quotidiennes au travail, cela le laissait à la fois amer et perplexe. Il savait que ses amis étaient d'avis qu'il avait été trahi ; mais comme il était licencié, il lui était impossible de savoir comment les gens qu'il avait dirigés voyaient les choses, et pourquoi tout ça s'était passé de cette manière.

Le temps a continué à passer pour Rachel et pour Barry, et leurs vies s'amélioraient. Mais ces mammouths isolés dans le passé continuaient de les envahir de façon toujours aussi puissante.

✔ Tant que vous continuez à vous raconter l'histoire du passé de la façon dont vous l'avez toujours fait, la « réalité » qu'elle représente reste la même. Ce n'est que lorsque vous changerez de point de vue que vous vous donnerez la chance d'y découvrir une nouvelle « réalité ».

Heureusement, ils étaient prêts l'un comme l'autre à poser un nouveau regard sur la situation et sur eux-mêmes. Ils avaient un certain nombre de points communs :

- quelque chose auquel ils tenaient leur avait été retiré sans qu'on leur demande leur avis ;
- en conséquence, ils avaient tous les deux le sentiment qu'on les avait privés d'un avenir qui aurait pu être heureux ;
- surtout, ils avaient été profondément atteints dans l'estime qu'ils se portaient.

Rachel se voyait comme une personne aimante, mais quitter son petit copain n'avait pas été une action aimante. Ce qui pouvait l'aider, c'était d'accepter que son père avait, certes, fait quelque chose de mauvais et d'impardonnable, mais *parce qu'il l'aimait et voulait le meilleur pour elle*. Et elle savait aussi que, malgré la tristesse qu'elle ressentait encore, sa vie n'en avait pas pour autant été entièrement gâchée.

Barry, lui, n'arrivait pas à savoir s'il était un bon ou un mauvais manager, mais il avait réussi à comprendre que c'était le changement de circonstances qui avait fait la différence. Son style avait été parfaitement adapté à son ancienne équipe et faisait donner aux personnes qu'il avait supervisées à ce moment-là le meilleur d'elles-mêmes. Mais il commençait à accepter que ces mêmes qualités n'étaient pas adaptées à la nouvelle équipe et aux besoins d'une entité plus grande. Rien de ce qui s'était passé n'était la faute de quelqu'un, même si, au fond de lui, il voyait bien que tout le monde – y compris lui – avait manqué de bon sens dans la gestion de cette crise.

À ESSAYER

1. Racontez-vous l'histoire de votre mammouth. Prêtez une oreille attentive aux suppositions, aux jugements et aux signes qui montrent que vous avez adopté un rôle de victime.

2. Imaginez-vous à la place de l'autre personne ou des autres personnes impliquées. Qu'ont-elles pu ressentir ou penser ? Que pouvez-vous apprendre en adoptant leur point de vue ?

3. Racontez de nouveau l'histoire existante – par écrit si nécessaire – en vous en tenant aux événements et aux faits, et en laissant de côté les émotions, les suppositions et les jugements. Que pouvez-vous apprendre des autres, de vous-même et de l'historique des événements en adoptant ce point de vue extérieur, en vous plaçant en « observateur » ?

4. Cette histoire est devenue un mammouth non digéré de votre histoire personnelle : une histoire qui a pris trop d'ampleur, qui est trop chargée en empathie et en émotions. C'est pour cela qu'elle a occupé tant de temps et de place, et consommé tant d'énergie. À la lumière de ce que vous avez maintenant appris, et en utilisant les faits bruts comme « squelette » de cette histoire, comment voudriez-vous la

réécrire pour que, à l'avenir, elle puisse prendre sa place comme un simple élément parmi tant d'autres que vous avez vécu, qui vous a fait grandir et, d'une certaine façon, vous a enrichi ? Modelez-la jusqu'à ce que vous trouviez le moyen d'honorer le passé sans pour autant vous en sentir prisonnier. Écrivez une nouvelle version pour aider votre esprit à l'assimiler.

Décortiquer les vieilles histoires qui ont donné lieu à l'interprétation de votre mammouth que vous avez élaborée à l'époque où les émotions étaient encore fraîches, c'est un travail qui se compare à celui de l'archéologue dégageant de ses débris un ancien artefact. Ce que l'on découvre est sa structure interne, des faits bruts que l'on peut examiner sous différents angles et évaluer d'une nouvelle façon.

Jusqu'ici, nous avons cherché comment désamorcer les mammouths en les fragmentant pour en faire des portions plus digestes. Le moment est venu de renverser le processus et d'explorer comment il est possible, morceau par morceau, de procéder par regroupement pour réaliser des objectifs et des rêves mammouths.

3

Les clés du changement

Chapitre 9

UN LÉOPARD PEUT-IL CHANGER SES TACHES ?

Adopter une nouvelle habitude peut sembler très difficile, voire décourageant. Pourtant, en procédant par petites étapes, il est possible de créer de tous nouveaux schémas et de mettre en place de nouvelles habitudes naturellement et immédiatement.

Pourquoi les gens pensent-ils qu'un léopard ne peut pas changer ses taches ? Réponse : parce que ses taches font partie intégrante de ce qui fait un léopard. Mais les léopards n'ont pas un élément essentiel dont disposent les humains : la capacité de s'observer soi-même. Lorsque vous vous mettez à porter sur vous-même un regard extérieur et à réfléchir à ce que vous observez, vous pouvez changer énormément – si vous le voulez, si c'est nécessaire et si vous y êtes préparé.

Pensez quelques instants à ce que les gens reconnaissent, et retiennent sur vous en général, et à ce que vous comme eux affirmeriez être vos « taches de léopard » indélébiles. Et voyons si elles sont aussi indélébiles que ça.

- Vos caractéristiques physiques. Bon nombre d'entre elles peuvent en fait être camouflées ou modifiées chirurgicalement.
- Votre façon caractéristique de bouger. Avec de l'entraînement, elle peut être considérablement modifiée. Les gens qui prennent des cours de marche nordique, par exemple, apprennent à faire de plus longues enjambées tout en dépensant moins d'énergie, et lorsque

les nouvelles habitudes ont bien été assimilées par le muscle, la plupart de ces gens constatent qu'ils continuent à marcher de façon plus fluide, plus droit et plus efficace, même sans bâtons. Une fois que la marche nordique est devenue automatique, il peut arriver que des connaissances ou même de vieux amis n'arrivent plus à les reconnaître uniquement à leur démarche.

- La façon dont vous abordez les tâches et les problèmes. Il se peut qu'une partie soit innée, mais l'éducation, la culture familiale et ce que l'on s'impose à soi-même peuvent également la moduler considérablement. On peut commencer par greffer de nouvelles approches et de nouvelles compétences à votre comportement habituel, mais si elles sont utilisées régulièrement, elles deviennent non pas un élément de votre répertoire personnel, mais véritablement une partie de votre identité.
- Vos attitudes et vos convictions. Même si elles forment la trame d'une personnalité, elles peuvent être modifiées par l'éducation et l'expérience.

En d'autres termes, la personne à laquelle vous avez l'habitude de penser comme « moi » est sans doute beaucoup plus modulable que vous ne le pensez. Et la façon qu'a chacun d'entre nous de se considérer lui-même est décisive dans le fait que l'on puisse changer ou que l'on reste statique.

✔ Les léopards sont immuables. Nous, rien ne nous oblige à l'être.

Cependant, les habitudes étant très puissantes, je commencerai donc par explorer les façons dont il est possible de les déstabiliser, afin qu'il soit plus facile et plus simple d'en créer de nouvelles à la place.

Pour bien commencer, il est bon de clarifier avec vous-même ce que vous pensez de votre mammouth jusqu'à maintenant.

- « J'ai généralement peur de dire aux gens ce que je pense d'eux, qu'il s'agisse de collègues de travail, de vendeurs dans les boutiques, et même de ma femme ou de mes enfants, parce que j'ai peur qu'ils soient contrariés ou en colère. »
- « Je déteste le fait que mon bureau soit toujours en désordre. »
- « Je n'arrive absolument pas à arrêter de fumer – c'est mon seul petit plaisir. »

Dans chacun de ces exemples, la personne qui parle confond ce qu'elle fait (son comportement) et ce qu'elle ressent (ses émotions) avec qui elle est (son identité). Elle lient des choses qu'il est parfaitement possible de changer et des choses que n'importe qui peut avoir du mal à affronter. Lorsque vous utilisez des mots comme « toujours », « généralement » ou « jamais », vous renforcez ce type d'amalgame mental que vous entretenez en vous.

Mettez par écrit ce que vous pensez de votre mammouth en rapport avec vos habitudes. Prêtez une attention franche et méticuleuse à la façon dont vous vous le décrivez. Comment pouvez-vous changer votre formulation de façon à libérer votre identité de ce problème ? Quel autre type d'affirmation aimeriez-vous faire à la place ?

Si votre mammouth concerne une habitude à changer, la première chose à faire est de dissocier l'idée de cette habitude nocive de la conception que vous avez de vous-même. Comme les stalactites et les stalagmites, les habitudes sont constituées de centaines voire de milliers de répétitions. Comme l'eau qui s'écoule goutte à goutte, ces petites répétitions ont le pouvoir de créer et de changer un paysage. Dans ce chapitre, le paysage que nous allons explorer, c'est vous. Et le pouvoir que vous allez utiliser pour changer ce paysage personnel est le pouvoir des nouvelles habitudes.

Vous n'avez même pas à essayer de vous réfréner ou de vous abstenir de votre habitude existante. Vous avez juste à en créer une nouvelle qui fonctionne mieux. Et une habitude constructive a tôt fait de remplacer une habitude destructrice. Il vous faut donc maintenant trouver une façon simple, claire et grammaticalement positive de décrire ce que vous voulez. Il sera beaucoup plus facile pour votre cerveau d'intégrer une idée exprimée positivement, parce que cela ne l'oblige à aucun processus d'exclusion mentale. Revenons aux exemples cités plus haut.

- « J'ai généralement peur de dire aux gens ce que je pense d'eux, qu'il s'agisse de collègues de travail, de vendeurs dans les boutiques et même de ma femme ou de mes enfants, parce que j'ai peur qu'ils soient contrariés ou en colère. » Cette phrase pourrait être reformulée ainsi : « *Je voudrais être capable d'être franc et direct envers les autres, sans me déstabiliser.* »

- « Je déteste le fait que mon bureau soit toujours en désordre » pourrait devenir : « *J'aimerais avoir un bureau en ordre.* »

- « Je n'arrive absolument pas à arrêter de fumer – c'est mon seul petit plaisir » pourrait être retranscrit en : « *J'aimerais trouver des moyens de me faire plaisir qui sont compatibles avec une bonne santé.* »

Éprouvez pour vous-même les différences entre chacune de ces paires de phrases. Pour penser à la première version, votre cerveau doit d'abord invoquer l'idée de la mauvaise habitude, puis l'exclure mentalement. Que ne voulez-vous pas ressentir ? *La peur*. Maintenant, passons à la seconde version. Que voulez-vous être ? *Franc et direct*. La formulation positive aide la personne qui pense la phrase à se débarrasser des débris de l'ancienne expérience et des anciennes émotions, et à repartir sur des bases plus saines.

À ESSAYER

Pensez à une de vos habitudes que vous aimeriez changer.

1. Notez-la rapidement par écrit, en utilisant les premiers mots qui vous viennent en tête. Par exemple : « Je ne sais pas gérer mon argent. »

2. Insérez le mot « parfois » ou « souvent » dans la description que vous faites de la mauvaise habitude que vous voulez changer, par exemple : « Je ne sais pas souvent gérer mon argent. » Répétez-vous-la plusieurs fois. Qu'est-ce que cela change à la façon dont vous vous considérez vous-même par rapport à cette habitude ? Nous sommes tous enclins à généraliser à partir de schémas existants, mais le danger qu'il y a à généraliser est que cela nous donne le sentiment qu'une chose qui arrive souvent ou régulièrement va toujours arriver : autrement dit, généraliser peut créer une fausse impression de fatalité. Ajouter des petits mots comme « parfois », « souvent », « la plupart du temps » permet de prendre conscience que même si le schéma répétitif existe, il ne se répète pas inévitablement à chaque fois. Et il devient alors bien plus facile de changer.

3. Si vous avez utilisé des expressions comme « Je suis nul en », ou « Je dois arrêter de », décrivez de nouveau le changement d'habitude souhaité en termes positifs. Par exemple : « Je voudrais mieux gérer mon argent, pour avoir un train de vie raisonnable. »

Quel sera le moteur de votre changement d'habitude ?

Tout changement nécessite une motivation. Certains changements ont un moteur négatif (« Je risque de me faire licencier si je continue à faire ça »), et d'autres ont un moteur positif (« Je peux prouver que je suis capable de faire cette tâche correctement, et ensuite on me donnera peut-être des projets encore plus intéressants »). Voici quelques questions qui vous aideront à découvrir quel sera le moteur de votre changement.

Question : Quelle est votre vraie raison personnelle de vouloir changer ? Soyez franc avec vous-même. Il s'agit du moteur qui vous procurera l'énergie de le faire.

Réponse : ....

....

Question : Le changement que vous souhaitez est-il motivé par « une carotte » ou « un bâton » ?

Réponse : ....

....

Certaines personnes fonctionnent mieux au bâton qu'à la carotte, mais le problème du bâton est que, même s'il vous fait avancer, il ne vous aide pas à choisir dans quelle direction ! De façon générale, il est plus simple d'arriver à définir ce que vous voulez à la place, dans le cas présent en retranscrivant une motivation négative par son équivalent positif. « J'aimerais mieux correspondre aux attentes de mon chef » peut être une bonne première tentative – mais elle pourrait sans doute être encore améliorée en réfléchissant encore un peu plus à ce que vous voulez vraiment. Peut-être que ça pourrait donner quelque chose comme : « J'aimerais être le genre d'employé que mon chef a vraiment envie de garder ».

Les « Je dois » et les « Il faut que » peuvent sembler procurer de la motivation, et donnent souvent l'impression d'être un bon moteur ; mais il est rare qu'ils procurent l'énergie nécessaire à un véritable changement durable, parce qu'ils ont tendance à impliquer des émotions déroutantes comme la culpabilité, l'anxiété, la rébellion et l'impression de ne pas être à la hauteur. Autrement dit, vous avez moins de chances de maîtriser votre souhait de changement s'il vient de l'extérieur de vous (ce que quelqu'un d'autre pense ou veut) plutôt que de l'intérieur.

Question : Y a-t-il un « je dois » ou « il faut que » induit dans votre projet de changement ? Quelles sont les personnes ou les idées qui se cachent derrière ?

Réponse : ....

....

Commencez à mettre en place votre nouvelle habitude

La première étape pour vous créer une nouvelle habitude est de dissocier votre habitude actuelle de la perception que vous avez de vous-même. Vous pensez peut-être par exemple : « Je fais (ou je ne fais pas) X », « J'aime (ou je n'aime pas) Y », « Je trouve Z facile (ou difficile). » Il s'agit là d'affirmations en « taches de léopard », car elles sous-entendent des choses de l'ordre du « toujours » ou du « parce que c'est comme ça que je suis » : la façon même dont vous pensez devient alors partie intégrante de votre mammouth.

Un jour, j'ai eu une cliente qui est arrivée en retard à notre premier rendez-vous – puis de nouveau à notre deuxième. Quand elle arriva en retard la troisième fois, je lui ai demandé si elle arrivait souvent en retard à ses rendez-vous. Elle a ri, puis répondu : « Quand j'étais petite ma mère me disait que j'avais été en retard pour ma naissance, et que je serais sûrement en retard à mon enterrement. » Ce n'est qu'à ce moment-là qu'elle comprit de quelle façon cette idée avait modulé son comportement – et pourquoi. Les enfants prennent ce qu'ils entendent au pied de la lettre, et qui n'aurait pas envie d'arriver « en retard » à son propre enterrement ? Une fois qu'elle eut pris conscience de ça, elle fut capable de mettre cette histoire de côt et de voir ses problèmes de ponctualité assez différemment. Pour elle, ce fut comme retirer une photo (le fait d'arriver en retard) du cadre où on l'avait mise (être un individu indépendant, qui ne se conforme pas aux attentes des autres), pour la mettre dans un autre cadre (arriver en retard est souvent considéré comme grossier ou négligent, et ai-je envie d'être vue comme ça ? Non. Je voudrais être vue comme une personne polie et consciencieuse).

Le fait de reconsidérer une idée comme ça est un concept souvent utilisé en PNL, et cette technique peut être à la fois très simple et très efficace. Ma cliente a *reconsidéré* la signification attachée à son habitude d'être en retard et, en en changeant la signification, elle s'est autorisée à changer son comportement facilement et immédiatement.

✔ Vos habitudes ne vous définissent pas en tant que personne. Elles ne sont que ce que vous faites en général.

Prenez pour modèles les personnes qui ont déjà l'habitude que vous voulez mettre en place

Même si vous n'avez jamais fait quelque chose et n'avez jamais eu envie de le faire jusqu'à maintenant, vous pouvez tout de même être capable de le faire si vous avez acquis suffisamment de motivation et que vous avez accédé aux bonnes informations. Parce que vous êtes sensible sur le sujet, il est probable que vous ayez remarqué les gens qui se comportent différemment – c'est-à-dire, selon vous, « mieux » que vous. Et il est surprenant de voir tous les détails que vous pouvez avoir inconsciemment enregistrés sur tout ce qui fait la différence entre vous et eux, comme le montre l'exemple suivant.

Une jeune femme de ma connaissance, au demeurant pleine de qualités, avait toujours été très timide. Cependant, comme elle était à la fois efficace et digne de confiance, ses collègues de bureau lui demandaient souvent de contacter un certain nombre de gens, qu'elle ne connaissait que très peu voire pas du tout pour certains, afin d'organiser la fête de Noël de l'entreprise. Elle devait fixer des rendez-vous, réserver le restaurant, demander à chacun ses préférences pour le menu et réclamer le montant du rpas. Sachant combien elle était timide, je voulus savoir comment elle s'était débrouillée. « C'était simple, a-t-elle répondu, « je me suis demandé comment une personne extravertie ferait et j'ai agi en conséquence. »

➔ LES TROIS CLÉS DU CHANGEMENT D'HABITUDE

Résumons ce que nous avons vu jusqu'ici. Pour changer, il faut :

- une raison de changer (votre *motivation*)
- arriver à *reconsidérer* vos émotions et habitudes actuelles...
- ...ce qui vous permettra de *rectifier* votre comportement par de nouveaux schémas, peut-être en vous référant à des informations que vous avez déjà sur la façon dont les autres gens s'y prennent (et les choisir comme modèle).

Qu'implique la nouvelle habitude que vous désirez acquérir ?

Commencez par morceler l'habitude que vous désirez en autant de petits fragments possibles. Vous pouvez, pour vous aider, en dessiner une carte ou en faire un croquis.

- Mettez votre idée centrale au milieu de votre page, entourée d'un cercle. Il doit s'agir d'une phrase courte, qui sera probablement un fragment de mammouth important, mais assez abstraite. Par exemple : « Parler franchement aux gens. »

- Notez tous les comportements spécifiques que vous lui associez, en les entourant chacun d'un cercle. Cela peut être par exemple : « Parler clairement », « Regarder droit dans les yeux », « Être précis », « S'en tenir à l'essentiel ».

- Tracez des traits qui relient chaque comportement spécifique à l'idée centrale. Il est probable que vous ayez d'autres idées qui se relient à certains d'entre eux. Pour les noter, fromer un trait à partir de la bulle correspondante et inscrivez-les au bout de ce trait. Par exemple, vous savez peut-être que les gens acceptent plus facilement les critiques si on leur dit avant qu'ils sont appréciés de façon générale. Donc vous pouvez avoir dans votre croquis une branche qui contient quelque chose comme : « Souligner d'abord les qualités » et « La proportion idéale d'un commentaire est 70 % de positif pour 30 % de négatif ». Il s'agit bien sûr là d'un exercice de fragmentation, et il est probable que ce que vous notez au bout de chaque branche constituera les étapes les plus simples et les plus naturelles à suivre pour commencer à vous créer votre nouvelle habitude.

- Lorsque vous avez inclus dans votre croquis tout ce qui vous vient à l'esprit sur le moment (vous pouvez le compléter plus tard), utilisez un surligneur pour faire ressortir ce qui vous semble faisable immédiatement.

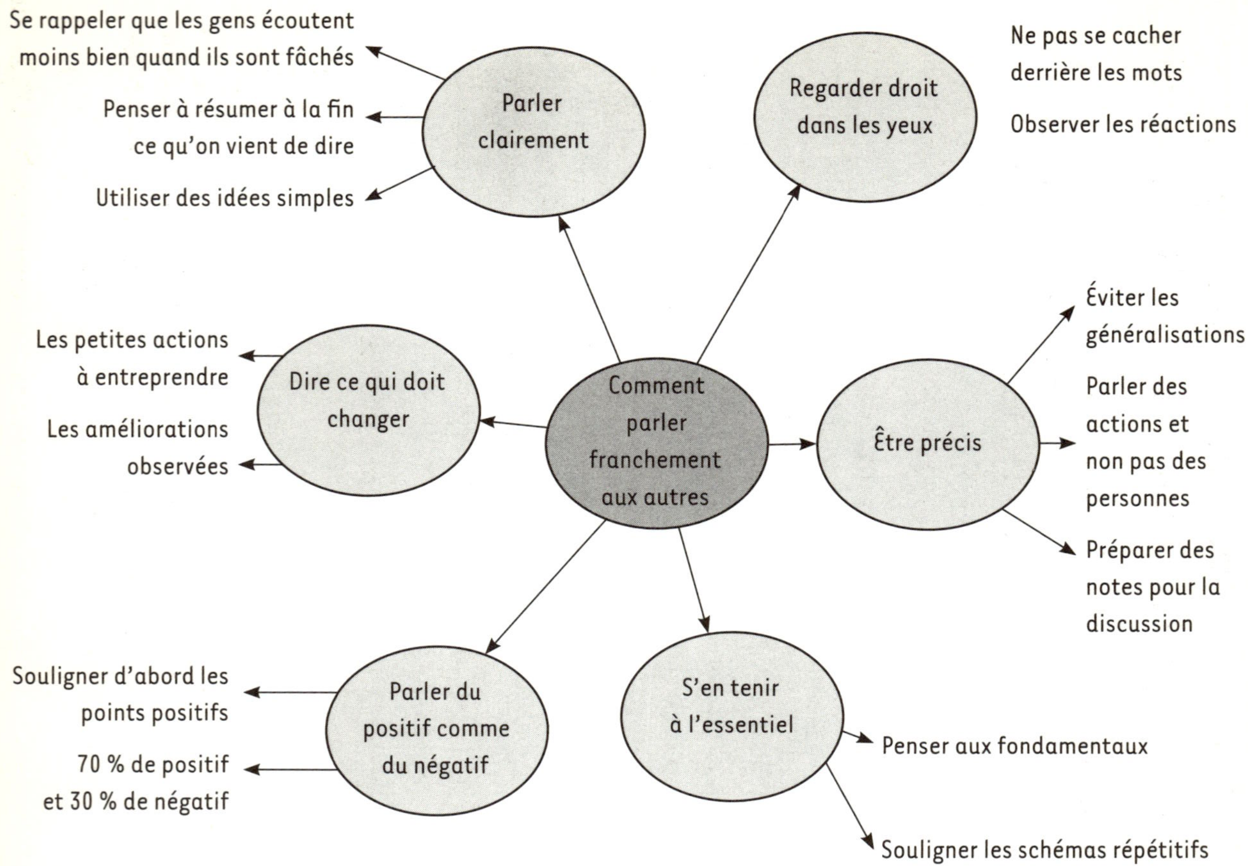
Comment parler franchement aux autres
Parler clairement
Se rappeler que les gens écoutent moins bien quand ils sont fâchés
Penser à résumer à la fin ce qu'on vient de dire
Utiliser des idées simples
Regarder droit dans les yeux
Ne pas se cacher derrière les mots
Observer les réactions
Être précis
Éviter les généralisations
Parler des actions et non pas des personnes
Préparer des notes pour la discussion
S'en tenir à l'essentiel
Penser aux fondamentaux
Souligner les schémas répétitifs
Parler du positif comme du négatif
Souligner d'abord les points positifs
70 % de positif et 30 % de négatif
Dire ce qui doit changer
Les petites actions à entreprendre
Les améliorations observées

Laissez un nouveau comportement former peu à peu une nouvelle habitude

Une fois que vous avez identifié les points les plus abordables par lesquels débuter, il vous faut commencer tout de suite à vous en faire une habitude. Comme je l'expliquais plus haut, la façon la plus simple de procéder est de mettre l'action que vous désirez adopter en lien avec quelque chose que vous faites déjà de façon habituelle.

Détourner ainsi une habitude existante pour en faire le fondement d'une nouvelle peut aussi vous aider à éviter les conflits intérieurs qui parasitent souvent les efforts entrepris pour adopter une nouvelle habitude. Vous savez sans doute d'expérience que, lorsque vous commencez à argumenter intérieurement avec vous-même pour savoir si vous devez ou non faire quelque chose, si vous devez le faire demain ou tout de suite, ou plus tard, et ainsi de suite, il est probable que le mélange de la culpabilité, de la familiarité de longue date avec l'habitude existante et de la réticence à faire l'effort de changer créera une association qui permettra à l'ancienne habitude de perdurer. En termes informatiques, on dirait que ça a été votre « schéma par défaut » jusqu'à maintenant.

Mais revenons aux exemples cités plus haut.

Parlez franchement aux autres

Si vous trouvez difficile de dire ce que vous pensez en toute franchise, le plus simple pour commencer est peut-être de dresser une liste pour avoir une idée claire de ce que vous avez à dire. Comment procéder concrètement pour que ça marche ? Voici quelques possibilités.

- Vous pouvez avoir sur vous un petit carnet (ou créer un fichier sur votre agenda électronique) et noter les points à relever dès qu'ils vous viennent à l'esprit, plutôt que de les garder dans un coin de votre tête, avec le risque de les oublier ou de les déformer.

- Si ce que vous avez à dire concerne une appréciation professionnelle – si vous encadrez du personnel, par exemple –, gardez-vous un créneau pour vous préparer avant le moment où vous convoquez la personne. Vous trouverez peut-être utile de réserver ce « rendez-vous avec vous-même » un autre jour voire plusieurs jours avant de rencontrer la personne avec laquelle vous souhaitez parler. Ce temps de réflexion est tout aussi important que le rendez-vous en lui-même. Une fois qu'il est programmé dans votre agenda, les jours passeront tranquillement et votre temps de préparation arrivera sans plus d'efforts. Pas la peine de tricher : ce n'est pas un rendez-vous que vous pouvez déplacer ni manquer !

Gardez votre bureau en ordre

Quelle est la première chose que vous faites lorsque vous vous apprêtez à vous asseoir à votre bureau ? Peut-être que c'est accrocher votre manteau, vous faire un café ou ouvrir votre boîte mail. Alors greffez sur cette habitude les premiers pas vers un bureau en ordre. Par exemple, *dès que* vous avez engagé votre action-déclencheur (accrocher votre manteau, poser votre café ou cliquer sur l'icône « Boîte de réception »), faites *l'une* des choses suivantes.

- Retirez cinq choses de votre bureau qui ont besoin d'être jetées.

- Ou bien mettez les crayons et les stylos qui traînent dans le pot qui leur est destiné. (Vous n'en avez pas ? Commencez une liste de choses à acheter ou à rapporter de chez vous, dont ce sera le premier point. Vous avez plus de chances d'utiliser un objet que vous avez choisi vous-même.)

- Ou encore retirez de votre bureau tout ce qui ne vous sera pas utile pour la journée et faites-en une pile par terre ou mettez-le dans un sac en plastique. Il vous faudra trouver un autre moment pour trier mais, au moins, vous aurez un bureau dégagé et les idées plus claires pour le travail d'aujourd'hui. Vous commencerez aussi à avoir le regard habitué à *l'espace* et vous l'apprécierez.

Vous pourriez appliquer plusieurs de ces points – résistez à la tentation ! Choisir une seule action comme amorce de votre nouvelle habitude de rangement est la façon la plus efficace de la combiner avec une autre déjà installée ; ensemble, elles créeront ainsi de nouveaux réflexes qui deviendront automatiques.

Trouvez des plaisirs sains

Si vous avez été fumeur, vous aurez appris à passer outre les quelques avantages du tabac, mais je me dois de les aborder ici. En voici quelques-uns identifiés par mes clients lorsque je leur ai demandé de réfléchir plus précisément au « plaisir » qu'ils trouvaient dans le fait de fumer :

- une récompense que je m'accorde (sans dépendre des autres) ;

- une pause dans les tâches quotidiennes, au travail ou à la maison ;

- l'occasion de discuter avec les collègues ;

• quelques minutes de temps à soi, sans rien faire.

Peut-être reconnaissez-vous certains de ces points. Si vous voulez diminuer votre consommation de tabac, ou tout simplement arrêter, vous allez devoir trouver des moyens neutres ou, mieux, bénéfiques e remplacer les avantages que cela vous apporte.

L'une de mes clientes voulait arrêter de fumer. Elle était serveuse dans un café, avant que la loi change et interdise de fumer dans les lieux publics. Alors que nous étions en train de dresser la liste de ce que fumer lui apportait, elle a dit une fois : « Si je ne faisais pas une pause régulière pour aller fumer une cigarette, je serais debout toute la journée – c'est le seul répit que m'accorde mon patron. Et c'est aussi le moment où je bavarde avec nos clients réguliers et où je me sens être une vraie personne, pas juste des bras bons à soulever des plateaux. »

Heureusement, elle s'entendait bien avec son patron et il fut d'accord pour qu'elle fasse à l'avenir des pauses thé plutôt que des pauses cigarette. Cela lui permit de diminuer sa consommation de tabac plus facilement, puis finalement d'arrêter de fumer.

Après avoir identifié les avantages que vous trouvez à fumer, demandez-vous quels autres petits plaisirs gratuits ou pas chers vous pouvez vous accorder à la place. Essayez de remplacer votre « pause cigarette » par une « pause autre chose », en fonction de ce que vous aurez trouvé. Variez les plaisirs de façon à avoir vraiment l'impression de choisir et à apprécier ces pauses. Vous serez peut-être surpris de constater comme votre vieille habitude est rapidement déstabilisée.

Voici quelques autres exemples de nouvelles habitudes que mes clients se sont créées. Vous pouvez essayer d'en choisir quelques-unes en guise d'exercice test.

➤➤ QUELQUES IDÉES À ESSAYER

- *Marchez quelques minutes tous les matins après le petit déjeuner.* Une de mes clientes travaillait chez elle et avait opté pour une sortie matinale sur ce créneau horaire, car ce moment l'aidait à se préparer mentalement à sa journée de travail – un avantage supplémentaire qu'elle n'avait pas anticipé. Vous pouvez également sortir marcher quelques minutes sur le temps de votre pause déjeuner si vous travaillez dans un bureau.

- *Établissez le programme de la journée tous les matins et évaluez brièvement comment elle s'insère dans les objectifs de la semaine.* L'habitude « repère » pour un manager d'une banque internationale était le moment où il s'asseyait à son bureau.

- *Méditez tous les jours pendant vingt minutes.* Un avocat très stressé avait pris l'habitude de fermer la porte de son bureau à clé et de s'allonger par terre. Au début, il utilisait un minuteur pour limiter son temps, mais il se rendit bien vite compte qu'il s'arrêtait automatiquement de lui-même à la fin du temps qu'il s'était fixé (vous trouverez plus d'informations sur les pauses de 20 minutes au chapitre 13). Le déclencheur qu'il utilisait était une alarme réglée sur sa montre. Il avait aussi demandé à sa secrétaire de tenir compte de ces pauses dans son agenda.

- *« Déconnectez-vous » du travail à la fin de la journée.* Il s'agit là de l'exemple d'un de mes clients qui n'avait pas à apporter du travail à faire chez lui le soir, mais qui se rendait compte qu'il n'arrivait pas à « déconnecter » son esprit du travail. Cela le rendait tendu et préoccupé quand il arrivait chez lui, ce qui créait des tensions entre lui et sa femme et ses enfants. Il utilisa le moment où il rentrait dans sa voiture à la fin de la journée comme amorce : plutôt que d'allumer le moteur tout de suite, il prenait un quart d'heure pour repenser à sa journée et la « clore » mentalement. Parfois, il prenait des notes de façon à se « délester » de ses réflexions jusqu'au lendemain. Puis il rentrait chez lui, l'esprit libre et les idées claires.

✔ Nous sommes ce que nous faisons de manière répétée. L'excellence n'est donc pas une action mais une habitude. (Aristote)

Dans ce chapitre, nous nous sommes intéressés aux moyens de se créer une nouvelle habitude. Dans le chapitre suivant, je vais vous aider à aborder un sujet connexe mais différent : identifier les petits fragments qui, accumulés et regroupés les uns avec les autres, vous permettront d'atteindre un objectif majeur unique.

Chapitre 10

LE MORCELAGE À REBOURS

Il est temps de nous pencher sur un autre type de mammouth : ces hautes ambitions que vous voudriez concrétiser. Les projets de grande envergure ne peuvent pas se réaliser du jour au lendemain, mais la façon dont on les conçoit peut faire toute la différence entre le succès et la déception. Ce chapitre est là pour vous le démonter.

« Commence au début, puis continue jusqu'à la fin ; ensuite, arrête-toi » : tel était le conseil donné à Alice dans *Alice au Pays des Merveilles*. Ce qui semble assez logique. Et quand les gens s'imaginent en train de réaliser leurs rêves, ils s'attendent à les penser de façon linéaire. Après tout, c'est comme ça que le temps passe. C'est-à-dire qu'ils cherchent par où *commencer*. En fait, c'est souvent mieux de s'y prendre dans l'autre sens. Cette idée a été exprimée très clairement par Erskine Childers dans son célèbre thriller *L'Énigme des sables*, alors que l'histoire touche à sa fin : « Il va falloir raisonner à l'envers, dis Carruthers, le héros. Quel doit être le résultat final ? Parce que c'est lui qui doit gouverner tout le reste. »

Dans ce chapitre, je vais vous exposer deux techniques très efficaces. Au fil des années, j'ai compris que, associées l'une à l'autre, elles permettent de créer un plan de route personnalisé et défini de façon très précise pour atteindre ses objectifs. Vous allez prendre en compte votre situation unique et vos besoins uniques ; parce que vous saurez non seulement vers quoi vous voulez tendre, mais aussi comment vous allez y arriver, vous pourrez vérifier à chaque étape que vous restez sur la bonne voie, en évitant les écueils typiques qui, généralement, empêchent les gens de réaliser leurs rêves. Cette association de techniques est celle qui vous donnera vos meilleures chances pour transformer votre souhait mammouth en une réalité bel et bien présente dans votre vie.

La première technique est un procédé de PNL qui consiste à revoir la façon dont vous concevez votre objectif pour qu'il puisse être effectivement atteint. Les fondateurs de la PNL se sont aperçus que les grands projets qui finissaient par être réalisés avaient des points clés en commun. Si vous faites ce qu'il faut pour que votre objectif respecte ces conditions, il sera, selon les termes de la PNL, suffisamment *bien conçu* pour réussir. Vous pouvez utiliser ces critères comme des repères avant de vous lancer, de façon à savoir ce que vous devez faire ou changer avant de passer à l'action, si tant est que vous devez changer quelque chose. Pas d'efforts perdus. Pas de faux départ. Pas d'égarements.

La seconde technique a été découverte simultanément par deux personnes de talent. Milton Erikson, l'un des psychothérapeutes étudiés par les fondateurs de la PNL, faisait imaginer à ses patients qu'ils avaient déjà atteint l'objectif de leurs rêves – puis il leur demandait comment ils y étaient parvenus. Le génie de cette question, en apparence simple et naturelle, est qu'elle déviait immédiatement l'attention du patient du présent, où il se sentait bloqué, dans un état conflictuel ou incertain, pour la recentrer sur l'avenir, où le problème *avait déjà été résolu*. Une fois que le patient s'était mentalement resitué dans l'avenir, il lui était relativement facile de « décortiquer » les détails de la façon dont il y était arrivé. L'expérience de Milton Erikson lui avait appris que les gens ont, en général, une conscience très profonde de leur situation et qu'il suffit faire remonter cette conscience à la surface ; mais bien souvent ils n'y parviennent pas car ils pensent de façon linéaire (du présent pour aller vers l'avenir). (Une fois ces informations enfouies mises en lumière, on peut aussi utiliser d'autres techniques, comme celle qui consiste à créer des « ponts » vers l'avenir afin de s'y engager dès le présent).

Une approche similaire est présentée par Barbara Sher dans son ouvrage *Wishcraft*. Elle souligne que travailler mentalement *à rebours* d'un objectif est plus efficace pour l'atteindre que de travailler de façon linéaire. Il y a quelques années, alors que nous envisagions, un ami et moi, d'écrire un livre ensemble, un conseil précieux nous a été donné par un collègue spécialiste en PNL : « Ne commencez pas par réfléchir à ce que vous voulez écrire – demandez-vous plutôt qui aura envie de lire votre livre dans dix-huit mois, puis écrivez-le. » Parfois, la meilleure façon d'avancer est de commencer par la fin. J'appelle cela le *morcelage à rebours*.

Les objectifs que nous nous fixons contribuent à donner du sens à nos vies et leur fournissent une raison d'être : ils sont la représentation tangible de qui nous sommes, en plus de celle de ce que nous voulons. Sans eux, nous ne faisons que nous laisser porter par les événements et par les autres, portés par le vent comme des feuilles mortes, ballotés par ce que le chanteur Paul Simon appelait « les incidents et les accidents ».

À une époque, je travaillais dans une entreprise internationale avec un groupe de jeunes hommes ambitieux et doués. Lors de notre première rencontre, j'ai demandé à chacun d'entre eux ce qu'il pensait qu'il ferait dix ans plus tard. Le contexte économique était florissant, et la plupart d'entre eux s'attendaient à avoir gagné assez d'argent pour prendre leur retraite à quarante ans : vacances, sport et famille étaient majoritairement au programme dans leur esprit. Pendant que nous parlions, je me suis souvenue d'un des clients que j'avais eu en thérapie, qui avait vendu son entreprise pour une coquette somme et avait arrêté de travailler à cinquante ans. Il s'était rendu compte, totalement désarçonné, qu'il avait perdu, en même temps que son activité professionnelle, sa raison de vivre et une partie de son identité. Je jugeais donc tout à fait problable que certains de ces jeunes hommes se retrouvent déroutés de ne plus rien avoir pour canaliser toute cette volonté, toute cette énergie et toute cette créativité qu'ils possédaient. Je pouvais très bien imaginer qu'ils s'ennuient ou dépriment sans objectif à l'horizon.

Seul un de ces jeunes hommes avait une vision claire d'une vie différente et satisfaisante au-delà de l'entreprise. Il était originaire d'Inde et était conscient du contraste que présentait son mode de vie en Angleterre, comparé à celui de milliers de ses contemporains dans son pays d'origine. À l'inverse de ses collègues, il épargnait la plus grande partie de son salaire, conduisait une voiture modeste, vivait dans une maison confortable mais simple, et envoyait ses enfants dans des écoles publiques. Son rêve était de revenir dans son pays et d'aider les jeunes des quartiers pauvres à avoir une meilleure éducation, donc la possibilité d'une vie meilleure. Pour moi, son rêve était le seul à « tenir la route » et le seul susceptible de se réaliser.

Stratégie n° 1 : assurez-vous que votre objectif est bien conçu et que vous pouvez l'atteindre

Pour donner à votre objectif toutes ses chances d'être atteint, voici ce qu'il faut faire.

- **Décrivez votre objectif en termes positifs.** Nous avons vu comment un objectif peut être formulé de façon négative : ici encore, je répète combien ce point est important tant il influe sur nos actions. Ce n'est pas tant qu'une formulation négative est *mauvaise*, c'est qu'elle n'est *pas suffisante*. Souvent, on ne va pas plus loin que de vouloir que quelque chose s'arrête ou change. « Je voudrais arrêter d'être flou en négociations », « Je veux arrêter de dire oui à ma responsable juste parce qu'elle est ma responsable, même quand je ne suis pas d'accord avec elle. » Lorsqu'on dit ça, on ne sait pas ce qu'on veut *à la place*. On n'a donc pas commencé à avancer mentalement.

  Vous demander ce que vous voulez *à la place* vous aide à formuler un objectif vers lequel vous pouvez commencer à avancer, et c'est ainsi que les choses peuvent commencer à bouger. Par exemple : « Je veux me sentir sûr de moi quand je négocie », « Je veux être capable de dire non à la responsable quand j'estime qu'elle a tort. »

✔ Penser négativement renforce ce que vous ne voulez pas. Penser positivement vous montre vers quoi vous allez.

- **Soyez précis sur ce que votre objectif signifie ou implique.** Combien de fois avez-vous entendu quelqu'un dire : « Je veux juste être heureux », ou : « Je voudrais avoir une belle vie », ou : « Je voudrais réussir ma vie. » Les mots « heureux », « beau » ou « réussir » sont vagues, donc inaccessibles. Dès que vous vous demandez : « Qu'est-ce que le bonheur ? », « Qu'est-ce que la réussite ? », vous constatez que, pour répondre, il faut apporter beaucoup plus d'informations. Et votre réponse a toutes les chances d'être différente de la mienne, et de celle de toute autre personne, parce que chacun d'entre nous part d'un point de vue différent et a sa propre définition et sa propre idée de ce que cela signifie *pour lui*.

  J'appelle ces mots abstraits et généralites des « mots furets » : ils courent partout dans notre esprit et dans nos conversations, mais il est impossible de vraiment les attraper, parce que nous croyons savoir ce qu'ils veulent dire, mais que nous ne le savons pas en réalité. C'est pour cela qu'ils sont si souvent source de confusion et de malentendus entre les gens.

  Si votre objectif est l'un de ces concepts nébuleux, demandez-vous : « Qu'est-ce que le bonheur (ou tout autre concept) veut dire pour moi ? » Fouillez jusqu'à ce que vous trouviez un fond de signification vraie, claire et concrète. En quoi consisterait une « belle vie » ? Comment le sait-on lorsqu'on l'a ? Quels sont les signes qui peuvent me dire si je l'ai, ou si je ne l'ai pas ?

- **Est-ce vraiment vous qui avez la main ?** Gagner au loto n'est pas un objectif accessible : une fois que vous avez acheté votre ticket, gagner n'est plus qu'une question de hasard. Recevoir un héritage ou être repérée dans la rue pour devenir mannequin sont des objectifs du même ordre. Il ne s'agit que de chimères. Les objectifs mammouth pour lesquels cela vaut la peine de se battre sont ceux que vous avez vraiment des chances de réaliser par vous-même, parce qu'il s'agit de choses que vous pouvez planifier, apprendre, approfondir *par votre propre volonté*. Le moment est venu d'être lucide et franc avec vous-même : qu'êtes-*vous* en mesure de faire ?

✔ Est-ce bien vous qui tenez le gouvernail ?

- **Faites-vous une idée précise et détaillée de ce que seront les choses lorsque vous aurez atteint votre objectif.** Où serez-vous ? Qui sera avec vous ? Que ferez-vous au quotidien ? Qu'est-ce que vous verrez, entendrez, ressentirez, goûterez, sentirez ? En d'autres termes, sachez vers quoi vous allez – par chacun de vos sens. Votre objectif est-il un événement (un voyage autour du monde, un diplôme, un appartement à vous) ou un processus (avoir plus de responsabilité au travail, écrire un roman et le faire publier) ? En le définissant avec soin, vous vous donnez des repères qui vous permettront d'évaluer votre progression à mesure que vous avancez vers lui. Par ailleurs, les détails multiples que vous accumulez dans votre esprit agissent en eux-mêmes comme un aimant puissant qui vous attire vers la concrétisation de cet avenir que vous désirez tant.
- **Avez-vous quelque chose à perdre en l'atteignant ?** Lorsque vous voulez quelque chose ardemment, la force de votre désir peut vous aveugler sur les conséquences néfastes de votre objectif. Tout ce que vous voyez, ce sont les avantages qu'il y a à obtenir ce que vous souhaitez, et non les éventuels inconvénients : vous effacez ainsi une catégorie d'informations vitales de votre raisonnement.

Un homme avec qui je travaillais désirait vivement avoir une promotion, mais la première chose qu'il découvrit lorsqu'il l'obtint était que le changement de statut affectait ses relations de travail avec ses collègues. Ses amis n'étaient plus si amicaux avec lui depuis qu'il était leur supérieur.

Nombreux sont les gens qui souhaitent créer leur propre entreprise, mais, lorsqu'on le fait, on n'a pas automatiquement un salaire tous les mois, et il se peut qu'on ait tout à coup plus de soucis financiers ou qu'on doive vivre sans paie par moments. Vous vouliez la liberté et l'autonomie – mais vouliez-vous les tracas qui vont avec ?

Peut-être avez-vous un grand désir d'échapper à la foule et aller vivre à la campagne, mais avez-vous réalisé tout le temps que vous passerez à faire des trajets en voiture pour vos enfants ? Avez-vous pensé au temps qu'il faut pour aller de votre jolie maison verdoyante à celle de vos parents ou de vos amis ? Ou même pour aller chez le dentiste ou le médecin, ou à l'hôpital ?

Le moment est venu de construire une image complète et détaillée de ce que votre vie pourrait être une fois que vous aurez atteint votre objectif, et de vous assurer que votre rêve peut effectivement vous apporter ce que vous espérez tant.

Une fois que vous avez vérifié ces points et que vous avez redéfini si nécessaire votre objectif, vous savez que vous l'avez déjà rendu beaucoup plus accessible – et qu'il vaut la peine d'être réalisé. Ensuite vient le moment d'utiliser votre imagination pour créer un pont qui vous ramène à aujourd'hui. Un pont que vous pouvez traverser en toute confiance dans l'autre sens : pour aller, pas à pas, du présent vers cet avenir où votre objectif est devenu réalité.

Stratégie n° 2 : imaginez que vous avez réalisé votre objectif, puis cherchez par quelles étapes vous y êtes parvenu

Lorsqu'il y a beaucoup de chemin à parcourir pour atteindre l'objectif qui est le vôtre, il peut sembler difficile voire impossible de savoir comment y arriver. Cela peut sembler aussi vertigineux qu'un voyage autour du monde, ou qu'un trek en Sibérie. Vous vous dites que vous ne pouvez pas vous contenter de mettre un pied devant l'autre – et pourtant si, si *chacun des pas que vous faites est le bon*.

Raisonner à rebours est profondément libérateur. Pas de « si » ni de « mais » sur lesquels buter : vous êtes déjà dans le vécu de l'objectif atteint. Milton Erikson avait une expression pour dire ça : il affirmait que les gens « en savent plus qu'ils ne savent savoir ».

Barbara Sher, dans son livre *Wishcraft*, écrit : « Les projections futures doivent se faire *à rebours* : du futur lointain jusqu'à demain [...] mais avant de pouvoir faire de grandes choses dans la réalité, il faut les isoler sur papier afin de découvrir *quelles* petites actions régulières, et *dans quel ordre*, vous permettront d'y arriver. »

Remonter le temps en partant d'une expérience que vous avez vécue de façon très vive en imagination vous permet de comprendre ce qui doit se passer exactement afin de rendre possible chacune des étapes qui vous y mènera : une méthode sécurisée que vous pouvez ensuite utiliser à l'envers pour arriver, à petits pas prudents, à accéder à ce rêve mammouth.

Le morcelage à rebours en action

Prenons un exemple pour illustrer la façon dont cela peut fonctionner. Francis, jeune diplômé qui venait de décrocher son premier poste, voulait faire quelque chose pour aider les plus démunis. Il était originaire de Nouvelle-Zélande et souhaitait être bénévole dans un pays émergent. Étant plutôt lucide, il voulait aussi avoir un filet de sécurité au cas où il tomberait malade ou se retrouverait à cours d'argent. Il fallait donc qu'il exerce un métier là-bas. Il lui sembla qu'être professeur était un bon choix. Par quoi devait-il commencer ? Pour être un professeur diplômé en Nouvelle-Zélande, il fallait qu'il entreprenne une formation pendant deux ans, suivis d'un an de stage en école et de deux ans d'enseignement à titre gracieux pour « rembourser » sa formation prodiguée par l'État. Tout cela allait lui prendre au moins cinq ans – mais il savait ce qu'il avait à faire, et dans quel ordre.

Si l'on décortique le morcelage à rebours de Francis, cela donne les étapes suivantes :

Être bénévole dans un pays émergent.

Devenir professeur.

Suivre deux ans d'enseignement post-qualification.

Faire un an de stage.

Suivre deux ans de formation.

Postuler à la formation.

Me renseigner sur la formation des professeurs aujourd'hui.

Comment découvrir les étapes qui constituent votre pont ?

Ou comment effectuer ce morcelage à rebours en partant de votre objectif mammouth à vous ? Vous pouvez vous aider en prenant une grande feuille de papier (format A3, si vous en disposez, ou bien l'envers d'un lé de papier peint). Il vous faut beaucoup de place pour que vos pensées puissent rester libres et ouvertes et pour pouvoir ajouter d'éventuelles idées supplémentaires qui peuvent vous venir à l'esprit en cours de route. Je vais maintenant vous expliquer comment procéder, puis illustrer par un exemple montrant comment un objectif mammouth peut être décomposé en une série d'étapes plus abordables.

- Notez votre objectif clairement formulé dans le coin supérieur droit de votre feuille. Il est souvent bon de l'entourer d'une bulle pour le faire mieux ressortir. Le principe de cet exercice est de mettre noir sur blanc des idées simples et précises, et de les transcrire en petites actions judicieuses et accessibles. Entourer chaque idée permet donc de vous assurer qu'elles restent claires, concises et distinctes les unes des autres.
- Maintenant, demandez-vous : « Qu'est-ce qui doit se passer juste avant ça pour que ça soit possible ? », et notez votre réponse dans une autre bulle.
- Et qu'est-ce qui doit se passer immédiatement avant cela encore ?
- Continuez de vous poser cette question et de noter chaque réponse dans une bulle, en avançant vers le bas et la gauche, jusqu'à ce que plus rien ne vous vienne à l'esprit. (S'il y a plusieurs réponses à une question, notez-les toutes les unes à côté des autres, et posez-vous

la question « Qu'est-ce qui doit se passer avant ça ? » pour chacune d'entre elles, puis continuez à travailler sur chaque branche ainsi créée en parallèle).

- Maintenant, regardez chacune des choses notées tout en bas de votre arborescence. Il devrait s'agir de petites choses assez précises. Y en a-t-il que vous pouvez mettre en application dès aujourd'hui ? Si ce n'est pas le cas, est-il possible de fixer un moment dans un futur proche pour le faire ? Si ce n'est pas le cas, y aurait-il une idée ou une étape que vous auriez manquée ?
- Faites quelque chose dès aujourd'hui pour activer la première étape.

Prenons l'exemple d'un de mes clients qui était directeur d'une clinique. Il avait été secondé pendant deux ans pour établir un réseau des différents fournisseurs, groupes et agences impliquées dans le soin des patients, de façon à améliorer la qualité des soins que recevaient chacun d'entre eux et à éliminer les chevauchements ou les creux dans les services assurés par les équipes médicales. Ses responsabilités nécessitaient de nombreux e-mails, coups de téléphone et discussions en face-à-face pour créer et faciliter les connexions entre les différents professionnels et associations. Tous avaient le souci du bien-être des patients, mais chacun à leur manière.

Lors de notre premier rendez-vous, mon client m'exposa les difficultés auxquelles il était confronté : « Il s'agit d'un plan sur trois ans. Ce que je dois avoir fait dans dix-huit mois, c'est avoir mis en place les mécanismes qui permettront la mise en œuvre de ce plan. » Mais il ne serait là que pendant deux ans, et il savait que la preuve de son succès serait que le système continue de bien fonctionner sans lui.

Pour l'aider à réfléchir posément à la façon dont il pouvait optimiser ses efforts pour mettre en œuvre ce plan dans ce temps limité, je lui ai montré comment procéder par morcelage à rebours. En décomposant ce qu'on appelle le « parcours du patient » – c'est-à-dire les étapes de la maladie et du traitement par lesquelles il passe généralement, ainsi que ses interactions avec les divers services et organismes de santé –, il a pu identifier à quels moments ces services et organismes entreraient en connexion et en coopération, et voir où il pouvait intervenir pour les aider au mieux dans leur fonctionnement.

Il m'a dit plus tard qu'il avait trouvé la technique du morcelage à rebours si efficace qu'il envisageait de la transmettre à certains des autres grands professionnels de santé avec lesquels il collaborait. Cette technique allait ainsi devenir un élément à part entière de ce qu'il lèguerait à ce projet.

Une fois que vous avez atteint votre mammouth, la vie continue

Les deux stratégies exposée dans ce chapitre sont chacune très efficaces en elles-mêmes. Mais, comme je l'ai découvert en aidant mes clients à réaliser leurs ambitions professionnelles et personnelles, une fois combinées l'une à l'autre, elles peuvent être véritablement prodigieuses.

Aussi merveilleux que cela pourra être d'avoir atteint l'objectif qui vous tient tant à cœur, il ne faut pas perdre de vue que le monde ne s'arrêtera pas de tourner une fois que vous y serez. Vous n'aurez pas accédé au paradis ni au nirvana ni à la perfection – ni nécessairement à la satisfaction. Votre objectif, aussi important soit-il, n'est pas la fin de votre parcours de vie, mais simplement une étape de votre évolution. Il peut être bon de tenir compte, dès aujourd'hui, des futurs possibles qui vous attendent : quels autres choix, décisions et expériences seront rendus accessibles grâce à cet accomplissement ? Quels que soient les défis et les opportunités que la vie vous réserve, le morcelage à rebours peut vous aider à les traverser, et même à le faire avec sérénité et plaisir.

Chapitre 11

SE TRANSFORMER SOI-MÊME

Vous êtes-vous déjà dit que l'assurance était une chose que les autres avaient ? Ou avez-vous souhaité avoir le charisme nécessaire pour être servi sans attendre dans un bar envahi de monde ? Pour garder votre sang-froid face à quelqu'un qui exerce une pression sur vous ? Pour vous faire respecter et considérer comme une autorité sur un sujet que vous connaissez bien ? Si le chapitre 9 traitait des changements d'habitudes, ce chapitre est là pour analyser le mode de raisonnement qui définit votre sens de l'identité et qui maintient peut-être en place une image de vous complètement obsolète. Vous voyez-vous comme les autres vous voient ? Bien sûr que oui, puisque leurs impressions vous sont renvoyées à tout moment par un effet miroir complexe, composé de réactions conscientes ou inconscientes. Cependant, comme vous ne cessez d'envoyer des messages aux autres sur vous-même, la réciproque peut parfois être tout aussi vraie.

✔ Les autres nous voient tels que nous nous voyons.

Lorsque vous changez votre regard sur vous-même, vous commencez immédiatement à changer les signaux qui informent les autres de qui et comment vous êtes. Est-il vraiment possible de modifier quelque chose d'aussi ancré en vous que l'image que vous avez de vous-même ? Après tout, vous avez peut-être eu cette image-là depuis toujours, et elle vous a peut-être accompagné toute votre vie. Mais, d'après mon expérience, il est toujours possible de la changer. Cela demande un peu de travail, mais peut-être pas autant que ce que vous pensez. Découvrons ensemble comment vous pouvez y arriver.

Spécificités et acquis

Il faut avant tout prendre conscience qu'il y a une différence fondamentale entre « je suis » quelque chose, et « j'ai, je n'ai pas, je manque de » quelque chose. J'appelle la première catégorie les *spécificités*, et la seconde les *acquis*. Voyons un peu de quoi il s'agit.

Les *spécificités* sont des caractéristiques personnelles, elles font partie de la façon dont les autres nous décrivent. Ce mot implique que quelque chose nous caractérise, que nous possédons des traits spécifiques individuels : « intelligent », « paresseux », « attentionné », « travailleur », etc. Ces spécificités sont vues et ressenties comme faisant partie de ce que nous sommes (notre identité). Modifier une spécificité chez quelqu'un suppose de modifier quelque chose d'essentiel. On reconnaît quelqu'un qui raisonne en termes de spécificités au fait qu'il décrit une (ou des) personne(s) en employant des formes comme « je suis », « il est » ou « ils sont ».

Les *acquis* sont des choses qui peuvent être transmises, achetées, données et reçues. Peut-être avez-vous appris à parler avec tact : vous avez *acquis* le tact. Peut-être emploie-t-on tout de même le verbe « être » : « il est plein de tact », ou « il n'est pas diplomate », et c'est ce qui crée souvent la confusion. Mais lorsqu'on dit d'une personne qu'elle « a du tact » ou « n'a aucun tact », on voit clairement qu'il s'agit là d'un acquis que la personne a ou dont elle manque.

À ESSAYER

Testez la différence en vous disant à vous-même : « Je suis sûr de moi », ou son contraire : « Je ne suis pas sûr de moi. » Puis essayez de vous dire : « J'ai de l'assurance », ou : « Je manque d'assurance ».

Prêtez toute votre attention à ce que chacune de ces phrases vous fait ressentir. Il y a toutes les chances que la première vous inspire des sentiments plus négatifs que la seconde.

La différence se situe dans l'écho que les mots trouvent en vous, et les vibrations de cet écho peuvent avoir des effets très profonds sur vous. Lorsque vous dites « je suis » ou « je ne suis pas » quelque chose, vous avez la sensation de décrire quelque chose d'immuable, comme votre pointure de pied ou la couleur de vos yeux (une *spécificités*), quelque chose qui vous caractérise, et qui donc, par définition, ne peut pas être changé. Mais lorsque vous dites « je *manque* de » quelque chose, vous décrivez plus quelque chose du même ordre que si vous constatiez que vous n'avez plus de sucre, ou d'une autre chose tangible : en d'autres termes, une qualité abstraite, l'assurance, est devenue un *acquis* concret. Et les acquis concrets sont des choses qui peuvent se remplacer ou s'engranger. Et lorsqu'on les possède, les répercussions peuvent en être très profondes.

Ces différences d'approche peuvent être beaucoup plus importantes que vous ne le croyez, parce que les mots ont le pouvoir de transformer non seulement ce que nous pensons, mais aussi ce que nous ressentons. Et c'est vrai quelle que soit la personne qui les emploie. Lorsque vous pensez à quelque chose en des termes bien précis, vous dites réellement quelque chose dans votre tête. Et lorsque vous dites quelque chose dans votre tête, *qui pensez-vous qui écoute*? En PNL, cela s'appelle le « dialogue intérieur »: vous êtes à la fois celui qui parle et celui qui écoute, ce qui constitue une véritable conversation avec vous-même. Lorsque vous vous répétez une pensée ou une phrase à vous-même pendant des semaines, des mois ou même des années, vous avez toutes chances de finir par la considérer comme vraie, même lorsqu'elle ne l'est pas forcément ou même qu'elle ne l'a jamais été.

Voici un exemple tiré de mon expérience personnelle, qui illustre à quel point un dialogue intérieur peut devenir un véritable carcan.

Je ne me suis jamais dit de moi-même que j'étais *jolie*. Je me suis rendue compte en grandissant que les gens me trouvaient *attirante*, mais jolie, non. D'ailleurs, je me trouvais même *banale*. Beaux yeux, sourire avenant, nez et menton que l'on pourrait aimablement qualifier de « mutins ». Un mélange un peu déroutant. Il faut faire avec, me disais-je, c'est juste comme ça que tu es (vous voyez le raisonnement en termes de spécificités?). Puis, un jour, alors que j'avais déjà une quarantaine d'années, je parlais avec une de mes étudiantes et j'ai fait allusion en passant au fait d'être banale – comme un fait indiscutable lancé sans y penser au milieu d'une phrase, en cours d'un raisonnement menant à une toute autre idée. Mais mon étudiante a retenu l'allusion et m'a interrompue pour me dire: « Mais vous n'avez jamais vu votre visage lorsqu'il est animé. » Grâce à cet unique petit commentaire, j'ai aujourd'hui une image plus complexe de moi-même, que je pense plus conforme à la réalité et dont je *sais* qu'elle est libératrice: celle d'un visage que je ne peux jamais voir moi-même, mais dont je sais qu'il n'est pas « banal », parce qu'il est presque tout le temps en mouvement. Mon étudiante m'a permis de passer d'un « Je suis » à un « J'ai » – en l'occurrence, quelque chose comme « J'ai mes moments » ! Et voilà comment je me suis mise à penser en termes d'acquis !

Une fois que vous vous concevez vous-même en termes d'acquis, tout commence à se débloquer et le changement devient plus facile à concevoir, à initier et à gérer. C'est parce que vous avez arrêté de considérer vos caractéristiques personnelles comme *essentielles*, et les concevez plutôt comme quelque chose d'*acquis*. Vous n'avez plus à les défendre comme quelque chose qui fait partie intégrante de vous-même ou à essayer de vous les ôter comme s'il s'agissait d'une partie de votre corps. Vous pouvez alors travailler dessus et les modifier tout comme vous le feriez pour votre style vestimentaire, ou les meubles de votre salon. Vous pouvez concevoir cela un peu comme un processus consistant à enrichir votre vocabulaire personnel. Nouvelles situations, nouveaux mots – et nouvelles possibilités.

Jérémy avait souvent du mal quand il devait donner des instructions à ses employés. Il ne se voyait pas comme un « leader naturel ». Pourtant, quand il était à l'étranger, où qu'il soit dans le monde, des gens de toutes origines et de tous âges lui demandaient leur chemin lorsqu'ils étaient perdus. Mais ce même homme avait parfois des difficultés à capter l'attention lors de réunions, ce qui lui confirmait son impression de ne pas être charismatique. Cependant, dans les discussions autour d'une table ou dans les négociations, c'était souvent lui qui était à l'origine d'idées neuves, qui rassemblait et qui permettait de trouver des compromis. Comme nous analysions ces apparentes contradictions, Jérémy prit conscience qu'il était parfaitement capable d'être un leader et que, dans les circonstances adéquates, il avait en fait du charisme !

Le changement peut parfois être immédiat

Il existe une hypothèse répandue selon laquelle le changement est une chose qui prend du temps, en particulier quand cela concerne les relations aux autres. Cependant, ce n'est pas toujours le cas, comme le montre l'exemple suivant.

Il s'agit d'un client que j'ai eu, un homme d'une soixantaine d'années, du nom de Roger. Il semblait assez sûr de lui, mais il avait grandi dans plusieurs foyers, dans l'ombre de plusieurs figures maternelles, où il s'était souvent senti moqué et pas à sa place. Il se sentait encore très intimidé par la dernière de ses belles-mères encore en vie. Il s'apprêtait à l'aider à s'installer dans un nouvel appartement et s'attendait à ce qu'elle le rabaisse une fois de plus à l'état de petit garçon… Il voulait changer cela et pensait pouvoir y arriver avec mon aide.

Nous avons évoqué les dialogues entre lui et sa belle-mère : pas uniquement les mots, mais aussi les intonations et le langage corporel. Je lui ai dit que les schémas les plus anciens peuvent souvent être rompus très rapidement si quelqu'un « oublie » ou « réécrit » ses répliques. Sur scène, les comédiens finissent par se mettre en « pilote automatique », mais si quelque chose d'inattendu se produit, comme lorsqu'un partenaire oublie son texte, ils sont ramenés abruptement à la réalité et peuvent perdre le fil de leur texte et oublier où ils en sont. La fois suivante où j'ai vu Roger, il était ravi et étonné de la façon dont les choses s'étaient passées. Tout le schéma d'interaction avec sa belle-mère avait changé, et il se sentait enfin adulte et égal face à elle. « Je ne me souviens plus de ce que j'ai dit – c'est peut-être même juste mon intonation qui était différente, m'a-t-il raconté. Elle me houspillait comme elle l'avait toujours fait, mais j'ai réagi différemment – et tout a changé entre nous. Et tout est *resté différent* depuis. »

Roger était-il devenu une personne différente ? Non, mais il avait changé son comportement de façon significative. Il avait interrompu le « scénario » auquel ils étaient tous les deux habitués. Ça n'avait pris que quelques instants, mais lui et sa belle-mère savaient désormais que leur rapport de force pouvait être différent. Et une fois qu'on sait quelque chose, on ne peut pas le *dé*-savoir. On peut choisir d'ignorer la nouvelle information – mais il reste d'une différence importante avec les choses telles qu'elles étaient avant. Vous aviez jusque-là le sentiment de ne pas avoir le choix : maintenant, vous savez que vous l'avez. Pour Roger, le changement s'est opéré en une seule fois. Dans son cas, il a été initié de façon intuitive sur la base des échanges que nous avions eus ; mais ce n'est pas la seule façon dont les choses peuvent changer. Vous pouvez provoquer le changement plus délibérément encore.

Usure et accumulation : les effets de la répétition

L'image que l'on a de soi s'est généralement construite au fil du temps. Il a été avancé que le moi selon lequel chacun se conçoit lui-même vient de l'expression des visages qui se penchent sur notre berceau lorsqu'on est bébé. On intérioriserait alors *leur* conception de nous en même temps de *notre* conception de nous-mêmes. Il y a sans aucun doute de la vérité dans cette idée, puisqu'elle semble confirmée par les recherches faites sur les performances scolaires des enfants, qui montrent de façon assez flagrante à quel point les enfants se conforment à ce qu'attend d'eux leur maîtresse : un enfant dont la maîtresse attend des résultats médiocres aura des résultats médiocres, même lorsque les informations données à la maîtresse sur son potentiel étaient fausses.

Les familles auxquelles nous appartenons à la maison ou au travail (collègues et collaborateurs ont aussi leur rôle à jouer en ce domaine) ont toutes des façons bien particulières de « fabriquer » des différences entre leurs membres – généralement non pas de façon intentionnelle, mais par la manière dont elles décrivent chacun d'eux et agissent habituellement envers eux. Ce faisant, elles renforcent (ou pas) différentes qualités chez eux : « le cerveau », « le clown de service », « le bon vivant », « le compliqué », « le travailleur », « le séducteur », « la force tranquille ».

Vous avez sans doute des exemples de ce type d'attitude dans votre propre entourage familial ou professionnel. Avec le temps, ces attributions cessent souvent d'être faites de façon consciente, mais elles peuvent avoir un impact inconscient très profond. Comme l'eau qui s'écoule goutte à goutte sur une pierre, elles peuvent créer une usure ou une accumulation importante. Les qualités qui vous sont attribuées ne reflètent peut-être pas ce que vous aimeriez être. Vous souhaitez peut-être que quelque chose change. Peut-être que vous apprécieriez d'être quelqu'un d' « aventureux » plutôt que quelqu'un de « fiable » ?

Jusqu'ici, j'ai parlé comme si nous étions tous égaux, avec juste les manies et les travers de nos familles et amis dans lesquels s'y retrouver. Mais, bien sûr, ce n'est qu'une partie des choses. Toutes sortes de qualités peuvent être attribuées à des personnes en fonction de leur statut social, de leur groupe ethnique, de leur nationalité, de leur sexe ou de leur orientation sexuelle. Si vous souffrez ou que avez souffert d'un préjugé, alors vous êtes victime d'un raisonnement en termes de spécificités.

Mais même avec les spécificités positives, comme dans l'affirmation : « Je sais faire plusieurs choses en même temps parce que je suis une femme », on court le risque de s'enfermer dans une image réductrice, en minimisant le fait que cette qualité vous appartienne en propre pour en faire une caractéristique relative au groupe.

Reconnaître à quel point un raisonnement en termes de spécificités peut être puissant lorsqu'il est appliqué à un groupe entier, et à quel point il influence chacun des individus parce qu'ils font partie de ce groupe, nous permet de gérer avec plus de lucidité et de subtilité ses répercussions sur nous-mêmes et sur les autres.

Je ne dis pas que nous devrions nous débarrasser de toute idée formulés par les mots « je suis », mais seulement que nous devons être très vigilants sur la façon dont nous les utilisons. (Il faut aussi, bien sûr, être attentifs à la façon dont nous pouvons affecter les autres par les descriptions que nous leur attribuons). Il est plus facile de changer un acquis qu'une spécificité : la différence est un peu la même qu'entre changer de vêtements ou se faire refaire le nez ou se faire retirer un tatouage.

Faites l'inventaire de vos spécificités

Répondez à tout ou partie des questions suivantes. Notez rapidement vos réponses par écrit. Il peut être judicieux d'inscrire la date sur cette feuille afin de pouvoir vous y référer plus tard : vous apprécierez peut-être de relire vos notes et de constater à quel point les différences que vous avez établies ont commencé à s'intégrer à votre esprit.

Quelles sont les qualités que les autres vous attribuent ?

- Quelles sont les qualités que l'on vous a toujours attribuées ? (Pensez à vos supérieurs hiérarchiques, à vos parents, à votre famille, aux professeurs que vous avez eus, à vos collègues, à vos amis).
- Qu'est-ce que ces qualités attribuées semblent vous imposer ou, au contraire, exclure pour vous ?
- Dans quelle mesure avez-vous le sentiment que votre comportement, et votre perception de vous-même ont été façonnés par ces attributions ? Quels effets peuvent-elles avoir sur la personne que vous pourriez être, ou que vous voudriez être ?

Quelles spécificités vous accordez à vous-même ?

J'ai mentionné plus haut le dialogue intérieur, la façon dont on se parle à soi-même. Souvent, ce dialogue s'ajoute aux qualités qui vous ont été attribuées par les autres, et il peut devenir tout aussi insidieux – tout aussi fait « d'évidences implicites » – exactement de la même manière.

- Il n'est peut-être pas évident de noter la façon dont vous vous voyez vous-même, mais essayez tout de même. Cherchez des affirmations qui commencent par : « Je suis le genre de personne qui… », ou des variantes comme : « Je peux/ne peux pas faire telle chose car je suis une personne de type ceci ou cela. » En d'autres termes, essayez de décortiquer la façon dont vous vous décrivez à vous-même (de façon à découvrir les spécificités que vous renforcez vous-même).
- Les prochains jours, tendez l'oreille pour essayer de repérer les affirmations simples que vous pouvez prononcer, en particulier lorsque vous expliquez votre comportement ou votre approche des choses. Notez-les aussi.

Amorcez le changement

Lesquelles de ces spécificités aimeriez-vous changer ? Comme pour les autres types de mammouths, cherchez les petites choses que vous pouvez modifier dans votre comportement ou votre état d'esprit.

Choisissez les bons outils

Vous avez à votre disposition des outils très efficaces – pour bien les choisir, ne perdez pas de vue que vous cherchez à obtenir les meilleurs résultats avec le moins d'efforts possible.

1. Cassez les schémas connus

Comme je l'ai expliqué plus haut, cette technique particulièrement efficace a de nombreuses applications, et devrait devenir un réflexe dans de nombreux cas. Pour modifier l'image que vous avez de vous-même, analysez tout schéma qui vous empêche de vous approprier un acquis désiré ou, au contraire, qui vous enferme dans un acquis indésirable. N'oubliez pas vos propres habitudes, modes de pensées, dialogues intérieurs et « scénarios » établis (actions ou dialogues qui se répètent) entre vous et les autres.

Puis identifiez les moments clés, comme les points de choix, dont vous pouvez rompre le schéma habituel pour enrayer les processus familiers et ouvrir la possibilité de résultats autres. Puis voyez ce qui se passe... Est-ce que cela a produit la différence que vous espériez ? Si oui, quelle a été votre « recette » du succès ? Si non, quelles autres stratégies pourriez-vous essayer ?

2. Modélisez

Cette technique a été abordée plus haut. Observez une personne qui possède l'acquis que vous désirez. Jouez les anthropologues : observez-vous et observez les autres en détail afin d'identifier les comportements ou aptitudes que vous pourriez faire vôtres. Il ne s'agit bien sûr pas simplement de les copier, mais de rester vous-même, mais un « vous-même » qui bénéficie des qualités que votre « modèle » possède. Pour y arriver, il convient d'incorporer des caractéristiques clés du comportement de votre modèle à votre propre manière d'être et d'agir. Mais il ne faut pas oublier que prendre modèle ne peut fonctionner que si cela renforce les qualités authentiques de la personne que vous êtes déjà. Il faut le voir comme une stratégie qui peut vous aider à exprimer pleinement celui ou celle que vous êtes. Autrement, cela ne consisterait qu'à imiter quelqu'un, et cela ne convaincra personne – pas même vous !

Un de mes clients voulait être pris plus aux sérieux dans son travail. Il a observé attentivement ses collègues qu'il savait être les plus influents – en particulier leur comportement lors de réunions. Il avait de bonnes idées, et des informations intéressantes à partager, mais il n'arrivait pas à se faire écouter, au contraire de ces personnes-là. Alors que faisaient-elles et comment pour arriver à capter l'attention ? Comment se présentaient-elles ? Comment bougeaient-elles ? Quel type d'intonation et de débit de paroles utilisaient-elles ?

Analyser ces modèles de cette manière permit à mon client de déterminer un type de comportement qu'il pouvait adapter à son profit. Et – surprise ! – en prenant modèle sur ces personnes influentes, il parvint bientôt à se faire écouter des autres comme elles ne l'avaient jamais fait. Ces petits changements attentifs au niveau comportemental faisaient toute la différence dans la façon dont il était perçu et dans la perception qu'il avait de lui-même, donc au niveau de son identité.

Lorsque vous aussi commencerez à penser de cette manière, vous serez peut-être surpris de voir toutes les informations dont vous disposez déjà.

Pour qu'une modélisation fonctionne bien, il faut commencer par faire des comparaisons et des oppositions. Vous savez que votre modèle dispose dans une plus grande mesure de l'acquis que vous voulez pour le moment. Comparez la façon dont il se comporte avec la vôtre dans des situations clés. Qu'est-ce qui vous différencie ? Mon client a identifié des différences significatives d'intonation et de rythme de paroles, mais aussi de mouvement et de posture, qu'il a pu intégrer pour modifier sa façon d'être dans les situations décisives. N'oubliez pas d'être attentif à tout ce qui fait le style personnel de quelqu'un.

✔ Enregistrez tout ce que vous observez – tout détail peut être la clé qu'il vous faut.

Si vous avez avec la personne le type de rapport qui vous permet de lui poser des questions d'ordre personnel, essayez de savoir ce qui se passe dans sa tête lors des comportements observés, et comparez la façon dont vous pensez à ces situations avant, pendant et après le moment en question. Cela peut vous donner accès à des informations très précieuses qui vous aideront à accentuer encore l'efficacité de cette technique. Il peut s'agir de ce que cette personne se dit à elle-même, des images qu'elle se projette ou les émotions dans lesquelles elle puise. Peut-être cette personne utilise-t-elle ces procédés pour invoquer ses succès passés, pour s'encourager ou pour visualiser les issues qu'elle souhaite voir advenir. Vous pourriez faire la même chose.

3. Appuyez-vous sur des souvenirs, des expériences et des messages

Les expériences passées peuvent avoir un impact énorme, qu'il soit positif ou négatif, sur l'image que vous avez de vous-même et la façon dont vous interagissez avec les autres. J'ai souvent été impressionnée de voir le nombre de mes clients qui manquaient de confiance en eux alors qu'ils avaient des postes à responsabilité importante nécessitant de grandes compétences. Bien souvent, ils étaient en fait freinés par des petites choses du passé. Si vous voulez développer un acquis comme l'assurance ou l'autorité, prenez quelques instants pour repenser au passé et vous demander ce qui peut expliquer que vous en ayez moins que vous ne le souhaiteriez.

Parents et professeurs – même les mieux intentionnés – peuvent souvent être les responsables en ce domaine. Au fond de vous, il se peut que vous gardiez en mémoire des moments où vous avez eu l'air idiot, où vous vous êtes fait reprendre en public lorsque vous étiez petit, et que vous évitiez inconsciemment les situations où cela pourrait se reproduire aujourd'hui. Il se peut aussi que vous ayez intériorisé une conviction entretenue par une personne et que vous ayez pris l'habitude d'agir en conformité avec celle-ci : « Les gens comme nous ne pensent pas à ça », ou : « Ne te vante pas de tes qualités – la vantardise est un vilain défaut. » Ce type d'affirmation vous rend-il service à *vous, aujourd'hui* ? Ou vous enferme-t-elle dans un raisonnement en termes de spécificités ?

Créez des points d'ancrage

Vous pouvez commencer à faire des réserves d'une spécificité désirée, comme la confiance en vous ou le tact, en emmagasinant toutes sortes de petites expériences et d'exemples qui vous procurent ces sentiments. En PNL, ces connexions entre de petites choses extérieures (objets, sons, souvenirs, mots, par exemple) et des émotions intérieures importantes s'appellent « ancrage ».

Une de mes clientes dirigeait une petite entreprise en plein essor, mais continuait de manquer de confiance en ses capacités. Je lui ai demandé de noter sur un post-it chaque compliment qu'elle pouvait se rappeler avoir reçu et de les coller un peu partout dans sa maison, bien en évidence. Chaque fois qu'elle en voyait un, elle devait se le répéter à elle-même, en étant attentive aux émotions que cela lui procurait. Ces post-it constituaient un ancrage visuel pour ces compliments, qui étaient eux-mêmes des ancrages verbaux ou écrits qu'elle avait jusque-là ignorés. Le fait de s'exposer de façon répétée à ces compliments sous la forme de points d'ancrage l'a aidée à commencer à croire qu'ils devaient contenir un certaine part de vérité et elle se mit à se constituer des réserves de confiance en elle.

Un autre de mes clients, qui était sujet à l'anxiété, m'a confié combien il se sentirait mieux si sa femme était à ses côtés dans son travail, difficile et parfois dangereux – son soutien lui apportait tellement de courage. Même si elle ne pouvait pas être avec lui en personne, il pouvait emmener avec lui dans sa poche un mouchoir imbibé de son parfum qui lui rappellerait son appui et sa tendresse. Pour lui, cet ancrage concret, porteur de tout un ensemble d'émotions bénéfiques, suffit à faire toute la différence.

Plus les points d'ancrage sont des choses simples et agréables, mieux ils fonctionnent. Pensez à un lieu, un son ou une idée qui vous remplit de bien-être. Pensez-y longuement, jusqu'à ce que vous arriviez à définir quelque chose qui semble vraiment le résumer. Cela peut être une citation ou les paroles d'une chanson, ou bien un minuscule détail de quelque chose que vous avez vu ou ressenti. Délectez-vous-en. Laissez-vous envahir par lui. S'il s'agit de mots, répétez-vous-les souvent. Entraînez-vous à penser à cette petite chose-là et à la laisser prendre le dessus sur tout le reste : c'est comme cela que vous parviendrez à renforcer un point d'ancrage créé délibérément. Cela peut être le son d'une voix aimée prononçant votre nom. Ou l'air réjoui de votre chien quand vous rentrez à la maison. Ou le souvenir du sentiment de plénitude que vous avez ressenti après avoir terminé un projet difficile.

La prochaine fois que vous serez sur le point de vous retrouver dans une situation que vous vous attendez à trouver stressante ou difficile, préparez-vous y en invoquant votre ancrage positif et les émotions qu'il vous inspire. Plus vous l'utiliserez, plus il deviendra efficace.

Neutralisez les ancrages négatifs

Certains points d'ancrage soulèvent des émotions négatives. Vous pouvez travailler sur les vôtre de façon efficace afin d'éroder les ancrages en lien avec des acquis relativement déplaisants ou démoralisants, même si les émotions négatives les plus prégnantes seront parfois plus efficacement abordées avec l'aide d'un thérapeute ou d'un conseiller professionnel.

À ESSAYER

- Par écrit, racontez comment l'acquis indésirable en est venu à être lié à son point d'ancrage.

- Écrivez ce récit à la deuxième personne (il/elle et non je/nous). Cela vous aidera à créer une distance entre la personne que vous êtes aujourd'hui et la victime que vous avez été dans votre expérience passée.

- Mettez votre histoire au passé plutôt qu'au présent, en utilisant des formules comme : « Elle a dit », « Il avait l'habitude de », « Il lui est arrivé de », « Les gens avaient tendance à... ». Cela produit un message clair en lui-même : c'est l'équivalent implicite d'un « Il était une fois »...

• Si vous le pouvez, mettez dans ce récit de la fantaisie, de la drôlerie, comme dans un scénario de film ou de dessin animé : tout cela permettra de désamorcer les effets de l'événement déclencheur.

• Avec un feutre ou un stylo de couleur différente, relisez votre récit en ajoutant des choses qui modifient l'influence des événements. Par exemple, ajoutez des notes à l'attention du lecteur comme : « Bien sûr, aujourd'hui, tout le monde sait bien que... », ou ajoutez ce que vous voudriez avoir dit ou fait si vous en aviez eu l'audace ou la présence d'esprit sur le moment. Par exemple : « Imbécile, a-t-il dit dans sa barbe », ou : « Elle a tourné le dos en faisant celle qui n'avait rien entendu », ou : « Il prit son téléphone portable et appela immédiatement son supérieur pour faire part de sa plainte. »

Vous savez parfaitement que rien de tout cela n'est « vrai » au sens où cela n'est pas réellement arrivé, mais dans quelle mesure est-il vrai que vous êtes aujourd'hui aussi vulnérable que le petit garçon qui s'est fait gronder en public quand il avait huit ans ? Ou à qui sa maîtresse a fait une remarque humiliante ? Ou le jeune homme dont le chef a déchiré la proposition devant le reste de l'équipe ? Vous vous comportez depuis tout ce temps comme si cela était vrai. Pourquoi ne pas remplacer une fiction rabaissante et déprimante par une autre, positive et stimulante ?

Lorsque vous ne vous sentez pas à la hauteur, ou lorsque qu'une personne qui fait figure d'autorité vous inspire du stress ou de la peur, imaginer cette personne dans une situation où elle a l'air ridicule peut parfois aider : comme si vous superposiez une autre image sur celle qu'elle vous renvoie. Comme il est difficile de maintenir deux idées contradictoires sur une personne en même temps, ce procédé permet de déstabiliser l'image qui vous dérange. Dans le roman *La Taupe* de John Le Carré, la femme de son héros George Smiley, Ann, explique comment elle « dégonfle » quelqu'un de son importance en l'imaginant sous les traits d'un crapaud.

Changer l'image que l'on a de soi peut sembler être un mammouth insurmontable. Mais la bonne nouvelle est que chacune de ces stratégies peut vous aider à réaliser l'objectif simple dont il s'agit ici : transformer les spécificités en acquis. Les acquis, comme leur nom le sous-entend, peuvent être obtenus. Vous pouvez vous transformer vous-même. Si vous voulez changer de nouveau, vous le pouvez : vous n'êtes pas un être immuable, mais une personne en constante évolution. Ce qui rend les choses bien plus palpitantes.

Jusqu'ici, nous avons vu comment vous pouvez identifier votre mammouth, ainsi que le fonctionnement personnel qui est le vôtre et qui vous permet de l'approcher, et nous avons également vu différentes manières de dompter ces bêtes sauvages sur lesquelles vous souhaitez prendre le contrôle.

Le moment est maintenant venu de découvrir comment les aptitudes que vous avez développées peuvent être appliquées avec encore plus de subtilité et de finesse en les utilisant de façon optimale et aux meilleurs moments. Je vais, en particulier, vous montrer comment combiner vos aptitudes de morcelage avec un timing idéal pour traiter ces problèmes dans les domaines du travail, des études, de la santé et du bien-être. C'est donc le sujet qui sera abordé dans la quatrième partie.

4

Touches finales

Chapitre 12

CHOISISSEZ LES BONS MOMENTS POUR UN TIMING OPTIMAL

Jusqu'ici, je vous ai donné les outils pour comprendre, approcher et maîtriser la plupart des types de mammouth les plus répandus. Que vous faudrait-il de plus ? Cette partie du livre est là pour vous apporter quelques informations très loin d'être négligeables pour aller encore plus loin dans le domptage de mammouths, et parvenir non seulement à les maîtriser, mais à le faire avec subtilité et raffinement, ce qui vous permettra d'arriver à de meilleurs résultats avec encore moins d'efforts.

Pour commencer, revenons à vous, le dompteur de mammouths.

Quels sont vos moments forts ?

J'ai expliqué au chapitre 3 combien il est important de connaître votre « cadence » naturelle – c'est-à-dire si vous êtes un sprinter, un coureur de fond ou un coureur de demi-fond. Mais il y a d'autres subtilités encore que vous pouvez cerner pour apprendre à mieux vous connaître. Quel que soit votre tempérament, il y a aussi certains moments de la journée où vous êtes au meilleur de vous-même. Savoir identifier ces moments et travailler avec, plutôt que contre vos rythmes naturels, peut vous donner encore plus de pouvoir de domination sur votre mammouth.

Lève-tôt ou couche-tard ?

Peut-être savez-vous déjà si vous êtes un « coq » ou un « hibou » : en d'autres termes, si vous êtes du matin ou du soir.

- Vous sentez-vous vif et énergique dès que vous ouvrez les yeux le matin ? Vous êtes probablement un coq. (C)
- Est-ce le soir et à la nuit tombée que vous vous sentez le plus en forme ? Vous êtes probablement un hibou. (H)
- Avez-vous tendance à aller vous coucher dès votre dîner terminé ? (C)
- Si vous êtes plongé dans un livre, que vous regardez une vidéo ou que vous êtes concentré sur quelque chose, êtes-vous capable de continuer jusqu'au petit matin sans ressentir de signes de fatigue ? (H)

Que vous soyez un coq ou un hibou, il est bon de tenir compte de ces rythmes dans la façon dont vous organisez votre journée. En particulier, quand de grands projets vous attendent – que ce soit au travail ou à la maison –, gardez à l'esprit que vous devriez avoir les idées plus claires, mieux vous concentrer et, de façon générale, être plus performant si vous travaillez sur quelque chose dans vos moments où vous disposez de votre maximum d'énergie et de capacité de concentration.

Même s'ils sont différents à bien des égards, les coqs et les hiboux ont tous deux tendance à connaître une baisse d'énergie et à être moins alertes juste après le déjeuner. C'est un petit rappel de ce que, même si nous avons derrière nous des siècles de civilisation, nous restons des animaux : après avoir mangé, les animaux ont tendance à consacrer toute leur énergie à la digestion. Si vous étiez un boa constrictor, vous resteriez à somnoler pendant des jours entiers ! Et votre chien ou votre chat peut dormir pendant des heures de suite s'il n'est pas dérangé. Il est naturel que les humains fassent de même – bien que, ces dernières années, il soit devenu intégré à une certaines culture d'entreprise très exigeante de continuer à travailler sur l'heure du déjeuner ou de se contenter d'expédier un repas rapide à son bureau.

Quand j'ai commencé à coacher des banquiers d'investissement, j'ai été horrifiée de voir qu'aucun d'entre eux n'envisageait plus de prendre de pause déjeuner. Je leur ai dit que, personnellement, il n'était pas question que je travaille à cette heure-là et que j'organisais mes rendez-vous de façon à me préserver une pause à la mi-journée. Je savais qu'il me fallait une coupure et j'espérais qu'ils prendraient exemple. Mais je suis sûre qu'ils voyaient ça comme une autre de mes excentricités : ils étaient déjà à la merci de la culture du travail. Et ce n'était pas uniquement une caractéristique du secteur bancaire : je dois dire que, depuis, j'ai maintes fois constaté la même chose dans le secteur médical !

Ignorer les rythmes naturels de votre corps revient à ignorer la connaissance profonde que vous pouvez avoir de vous-même. Si vous continuez ainsi sur le long terme, votre corps et votre esprit vous le feront payer.

Je me souviens avoir eu, une fois, une série de rendez-vous de coaching dans l'après-midi, et mes clients, pourtant jeunes et pleins de dynamisme, arrivaient un par un pour sombrer dans la léthargie. Ils s'excusaient de leur fatigue, en invoquant des raisons bien compréhensibles : les enfants m'ont réveillé au milieu de la nuit ; ma femme avait un rhume ; j'ai eu une réunion qui a duré très tard hier soir... Je ne mettais pas leur parole en doute – mais je savais aussi que, depuis des mois et même, dans certains cas, des années, ils avaient fait la sourde oreille aux signaux de leur corps qui leur disaient : « Arrête-toi et repose-toi maintenant ! »

Les recherches nous montrent de plus en plus que les modes de vie effrénés, comme ceux de ces jeunes gens, peuvent entraîner des dégâts non pas de façon immédiate, mais par accumulation. Le stress lui-même devient une habitude, affectant l'esprit et les émotions, ainsi que le corps. Un esprit fatigué ne se concentre pas aussi bien qu'un esprit reposé, ce qui fait que les tâches prennent plus de temps et consomment encore plus d'énergie. Un esprit et un corps fatigués ont moins de capacité de réaction lorsqu'une difficulté survient ou lorsque quelque chose se passe mal. L'humeur se délite. Les mots se font durs. J'ai vu des professionnels pourtant très compétents se figer, pleurer ou même devenir agressifs, parce que quelque chose d'assez inoffensif en soi survenait et les faisait craquer, comme la dernière goutte d'eau faisant déborder le vase.

À ESSAYER

Voici quelques exercices rapides pour vous aider à vous relaxer et à repartir du bon pied. Essayez-en au moins un aujourd'hui. Vous pouvez les faire sur votre lieu de travail comme à la maison, du moment que vous trouvez un endroit au calme ou dans lequel il y a tant de monde que personne ne vous remarquera ! Les longues files d'attente devant une machine à café ou la foule des lieux publics peuvent être des endroits tout à fait appropriés pour passer complètement inaperçu !

Ces exercices ne prennent que quelques instants. Pourtant ils peuvent être extraordinairement bénéfiques. Rappelez-vous ce que je vous ai déjà affirmé plus haut : c'est un mythe que les grandes choses nécessitent de grands efforts et prennent beaucoup de temps ? Et répétez-vous-le tous les jours !

Si vous le pouvez, réservez-vous au moins une quinzaine de minutes deux fois par jour pour vous ressourcer en suivant l'une des méthodes suivantes.

• Vous pouvez vous lever et faire les cent pas. Si possible, sortez quelques minutes dehors. Regardez quelque chose de vivant : les nuages, les pigeons qui se dandinent (à moins que vous ayez les pigeons urbains en horreur !), les autres personnes vaquant à leurs occupations... Soyez une caméra ! Regardez autour de vous avec curiosité, de façon détachée, en prenant du recul.

• Haussez les épaules aussi haut que possible, maintenez quelques instants, puis laissez-les redescendre doucement, en rentrant progressivement les omoplates. Sans même le faire exprès, vous devriez pousser un long soupir au passage. Si vous craignez d'être observé, serrez les poings et les pieds aussi fort que vous le pouvez, maintenez quelques instants en retenant votre respiration, puis relâchez complètement, en expirant profondément.

• Placez une main sur votre ventre juste sous les côtes, puis inspirez suffisamment fort pour sentir vos poumons pousser votre main vers l'extérieur en s'emplissant d'air. Maintenez quelques secondes, puis expirez doucement, en sentant votre main redescendre. Répétez plusieurs fois.

Identifiez vos rythmes ultradiens

Il est naturel que nous connaissions tous des variations régulières entre moments de faible et de forte énergie. Ces hauts et ces bas dans la journée peuvent se faire en douceur, presque imperceptiblement, ou de façon très marquée, très abrupte. Mais ce n'est pas tout. Circonscrits à ces rythmes de repos et d'action à l'échelle de la journée, et appelés *rythmes circadiens*, se trouvent d'autres rythmes à plus petite échelle, dont les effets sont tout aussi universels et importants. Ces cycles portent le nom de *rythmes ultradiens*, et ont été identifiés par R. Klein et R. Armitage dans une étude publiée en 1979 dans le magazine *Science* sous le titre : « Rythms in human performance : one-and-a-half-hour oscillations in cognitive style » (« Les rythmes de la performance humaine : l'efficacité cognitive soumise à des cycles d'une heure et demie »).

Les rythmes ultradiens sont faits d'oscillations plus courtes que les rythmes circadiens. Toutes les 90 minutes environ, ils opèrent un cycle complet d'activité/repos du corps et de l'esprit, qui induit des changements d'activité, y compris au niveau des molécules et des hormones. Ce cycle a été nommé « cycle de base repos-activité » (Brac pour *Basic Rest Activity Cycle*) ; même quand nous dormons, ces rythmes régissent la profondeur de notre sommeil et la fréquence de nos rêves. C'est l'une des raisons pour lesquelles la privation de sommeil peut perturber non seulement physiquement, mais aussi émotionnellement et mentalement : nous avons besoin de pouvoir dormir profondément, parce que c'est pendant le sommeil profond que le corps se repose et se régénère ; mais nous avons aussi le besoin émotionnel et psychologique de rêver, parce que les rêves nous permettent de « digérer » notre vécu à un niveau inconscient.

À quoi sait-on où l'on en est d'un cycle ultradien ? Il est assez facile de reconnaître les moments où nous sommes dans la phase énergique du cycle : on se sent dynamique, alerte et capable de concentration.

Pendant ces moments, on utilise généralement les capacités logiques et rationnelles de la partie gauche de notre cerveau, et nous avons tendance à procéder très méthodiquement pour réaliser ce qui nous occupe.

Les baisses d'énergie qui constituent la seconde moitié des cycles sont moins faciles à identifier. Dans son travail novateur utilisant l'hypnose, Milton Erikson a constaté que la plupart des effets guérisseurs pouvaient intervenir lorsque les patients rentraient d'eux-mêmes dans une phase de « transe naturaliste » de calme et d'intériorisation. La psychobiologie de l'état de transe semble activer les modes de pensée issus du cerveau droit (intelligence émotionnelle, créative, non linéaire), ce qui explique peut-être que la transe peut stimuler des niveaux de compréhension non rationnelle et permettre de trouver des solutions que la pensée consciente et rationnelle, régie par le cerveau gauche, ne peut pas trouver. Dans son livre *20 Minutes de répit. Prévenir les effets néfastes du stress*, Ernest Rossi affirme : « Ce même cycle de base repos-activité de 90 à 120 minutes s'observe en nous 24 heures sur 24. C'est lui qui est responsable du schéma excitation - performance - stress - récupération que nous connaissons toutes les quelques heures. Tout comme nous rêvons en moyenne 20 minutes sur une période de 90 à 120 minutes pendant notre sommeil, nous avons des moments similaires durant l'éveil où nous sommes plus enclins à la fantaisie, à la rêverie, à l'introspection et à au ressourcement. »

✔ Observer le déroulement de nos journées est la façon la plus simple de repérer le fonctionnement des cycles ultradiens.

Nous connaissons tous les « coups de pompe » intervenant au moment des repas. Ces « creux » sont intégrés au matériau de notre vie organisationnelle comme personnelle, et lorsqu'on les respecte, ils peuvent nous aider à fonctionner en harmonie avec notre besoin psychobiologique de nous reposer et de nous « recharger ». Cependant, que ce soit à la maison ou – et surtout – au travail, nous avons tendance à accorder plus de valeur à nos pics d'énergie.

Nous connaissons tous des cycles ultradiens, même si, parce que nous sommes soumis à une pression, par nécessité, ou bien parce que nous vivons dans l'effort, nous pouvons essayer de les ignorer ou de les surpasser. Pourtant, on sous-estime largement l'importance de ces creux : nombreux sont ceux qui les considèrent comme un état de « dégradation » de leur « vrai » ou « meilleur » niveau de dynamisme, plutôt que de les reconnaître comme un moyen essentiel de se reconstituer ses réserves d'énergie. Il nous faut accepter que ces fluctuations sont indispensables à notre fonctionnement, et prendre conscience qu'il peut être efficace de travailler en harmonie avec eux et contre-productif de les contrarier.

À ESSAYER

- Au fil de votre journée, notez les moments où vous faites une pause (pour aller aux toilettes, prendre un café, déjeuner, etc.).
- Essayez de repérer vos pics de concentration. Notez tous les moments où vous vous êtes senti alerte et dynamique, ainsi que ceux où vous vous êtes senti lent, rêveur ou fatigué. Avez-vous une idée de la durée de chacun de ces moments ?
- Avez-vous respecté votre état naturel ou avez-vous essayé de l'ignorer ? Quelles conséquences cela a-t-il eu, que vous agissiez en harmonie ou pas avec cet état ?

Si vous essayez de repérer vos rythmes naturels sur quelques jours, vous pourrez bien vite établir les cycles de base selon lesquels vous fonctionnez, de façon à pouvoir plus facilement reconnaître les moments où vous agissez en accord ou en désaccord avec eux. Les moments où, par exemple, les circonstances vous ont forcé à ignorer votre besoin d'un moment de creux. Cette conscience de votre état vous donnera également l'argument qu'il vous manquait pour vous convaincre (ou convaincre les autres) que le moment est venu de retrouver l'harmonie avec vous-même et de reprendre des forces.

Travailler plus longtemps ne veut pas toujours dire travailler mieux

Repensez à ce cycle ultradien de 90 à 120 minutes. Les temps de creux ne durant qu'une vingtaine de minutes, il reste une très grande partie du temps de chaque cycle passée soit à remonter vers le pic suivant, soit à descendre du dernier pic vers le creux suivant. Nous savons, grâce à d'autres études, que, entre deux pics, chaque phase de concentration ne peut durer que 45 minutes environ : elle chute lorsque vient la phase de descente et que le creux suivant approche. On parle de « pic de performance », on dit qu'on est « au mieux de sa forme ». Mais ces formules, si elle reconnaissent un état de haute performance, semble ne jamais prendre en compte que chaque pic est toujours suivi d'un creux. Personne ne peut être en pic de performance pendant 4 heures de suite. Une fois le pic passé, la concentration se dissipe, et, presque inévitablement, la qualité de la performance chute également. Peut-être devrions-nous plutôt parler de « meilleure performance », ce qui implique de savoir tirer au maximum parti des pics comme des creux.

Mes clients du milieu de la finance et leurs employeurs faisaient l'erreur de penser que travailler de longues heures d'affilée signifiait travailler mieux. Les journées de 12 heures étaient la norme, et la cause de nombreux effets malheureux (somnolences, anxiété, irritabilité…) et probablement aussi celle de la volatilité émotionnelle et de la réactivité à fleur de peau caractéristique des marchés financiers.

Respectez vos rythmes ultradiens dans la vie de tous les jours

Comment faire ? Car il n'est pas souvent possible de découper nos journées de travail à notre guise, et il serait compliqué d'essayer de le faire. Mais nous pouvons tous avoir conscience de ces variations et tenter de fonctionner en accord avec elles, plutôt qu'à leur encontre.

Lorsque j'étais étudiante et que je révisais mes examens, je m'étais fixé de travailler 8 heures d'affilée chaque jour, et je suis sûre que cela a contribué à l'épuisement et au stress que je connaissais alors. Mais, quand j'ai commencé à travailler, j'avais plus d'amis et moins de pression, mon temps de travail était plus morcelé. Ma vie sociale était aussi plus importante, et le travail devait s'y adapter et s'organiser autour d'elle. En conséquence, j'étais moins stressée et – devinez quoi ? – j'étais bien plus performante.

Si vous considérez les creux de 20 minutes et le pic de concentration de 45 minutes comme le conditionnement idéal de différentes activités mentales et physiques nécessaires, vous pourrez vous rendre compte que chaque cycle ultradien contient d'inestimables opportunités de se concentrer à différents niveaux. En clair, toutes les 90 à 120 minutes, vous connaissez un pic de performance qui vous permet une concentration maximale, avec une phase d'approfondissement et de ralentissement avant et après, puis une phase de vingt minutes de concentration plus diffuse, qui permet de vous régénérer et de reprendre des forces car elle offre le potentiel d'un travail intérieur d'une autre nature.

Il nous est plus facile de reconnaître les pics de concentration et d'en apprécier la valeur. L'état d'éveil et d'attention auquel ils correspondent permet d'effectuer des tâches de type mammouth et permet d'être plus efficace à réaliser des objectifs concrets. Pourtant, l'état de rêverie des creux permet un repos essentiel, une régénération et une réflexion intérieure, comme nous le rappelle Ernest Rossi, le collaborateur de Milton Erikson, lorsqu'il dit : « La phase de relaxation du cycle ultradien est peut-être le moyen psychobiologique le plus pratique et le plus efficace dont nous disposions pour accéder à notre potentiel de récupération et de régénération du corps et de l'esprit. »

Pourquoi les pics durent-ils environ deux fois plus longtemps que les creux ? Je doute que qui que ce soit le sache. Mais, par intuition, je pense que cela a quelque chose à voir avec le fait que les processus d'activité consciente se traduisent de façon logique et séquentielle, tandis que les processus d'activité inconsciente s'effectuent plus rapidement, par des associations qui constituent en quelque sorte des « raccourcis ».

Pour donner le meilleur de vous-même, il vous suffit de garder à l'esprit que les pics sont les moments privilégiés de la concentration, et qu'ils durent environ 45 minutes, tandis que les creux sont les moments privilégiés de la réflexion, de la récupération et de la créativité, et qu'ils durent environ 20 minutes.

Une fois que vous avez déterminé où vous vous situez sur l'extrême variété de tempéraments qui va du coq au hibou, réexaminez la façon dont votre énergie personnelle est répartie sur la journée. Lorsque vous le pouvez, essayez de programmer les tâches demandant beaucoup d'énergie ou de concentration pour les moments de pic. Si vous devez collaborer avec des collègues, essayez de déterminer à quels moments ont lieu leurs pics à eux. Vous pouvez vous entraîner à observer l'état dans lequel sont les autres personnes en prêtant attention aux signes physiques de baisse ou de montée d'énergie, de concentration intense ou diffuse, qui s'expriment généralement de façon inconsciente. Pour essayer de fonctionner en phase avec eux, essayez de trouver des moments de chevauchement si vous le pouvez.

Recentrez-vous sur vous

Voici mes instructions détaillées pour entamer le processus de repos et de réflexion intérieurs. Je conçois cet exercice comme un « recentrage » sur soi, qui consiste à se plonger au plus profond de ses ressources intérieures. Si vous avez 20 minutes devant vous, vous pouvez essayez de le mettre en pratique dès aujourd'hui. Peut-être deviendra-t-il une habitude ressourçante qui vous ouvrira à une toute nouvelle approche de la vie.

1. Profitez des creux de votre emploi du temps pour travailler sur vous

Quand vous êtes fatigué, irritable, ou simplement quand vous ressentez le besoin de faire une pause, reconnaissez cela comme un creux, donc comme l'occasion de rétablir une harmonie avec vous-même et de faire un travail de rééquilibrage intérieur.

Trouvez-vous un endroit confortable et tranquille où vous pouvez vous asseoir ou vous allonger pour vous plonger en vous-même. Avec de la pratique, vous saurez bien vite le faire dans n'importe quel endroit où vous pouvez vous déconnecter du monde extérieur : dans un train, un bus, le métro, une file d'attente…

Gardez à l'esprit que vous vous réservez une vingtaine de minutes – mais la plupart des gens ont une « horloge interne » assez fiable. Si vous avez peur de vous endormir pendant un temps indéfini, réglez l'alarme de votre montre ou de votre téléphone sur 30 minutes. Vous ne risquez ainsi plus rien à vous laisser aller – mais, en laissant un peu de marge, vous vous donnez aussi l'occasion de constater à quel point votre horloge interne est fiable.

2. Accédez à vos ressources internes et utilisez-les

Mettez-vous à l'écoute de votre corps. Quelle est sa partie qui se sent le mieux ? Explorez ce sentiment de confort et voyez comme il s'étend et s'approfondit à mesure que vous vous concentrez dessus.

3. Imaginez un endroit à l'abri des regards où vous pourriez vous retirer

Vous pouvez utiliser un lieu qui existe réellement – qu'il provienne du présent ou du passé – ou un lieu totalement imaginaire. Qu'est-ce qui fait que vous vous y sentiriez en sécurité ? Voudriez-vous vous y sentir dorloté, ou au contraire stimulé ? Est-il à l'intérieur ou à l'extérieur ? Y a-t-il du soleil, de la pluie, un paysage ou des meubles particuliers ? Comment y avez-vous accédé et comment pourrez-vous le faire de nouveau ? Parmi les exemples de lieux que j'ai vu mes patients utiliser au fil des années, il y a eu des tours, des plages, des jardins et des cachettes secrètes issues de l'enfance. Mais ces patients ont aussi eu envie d'être transportés par des ascenseurs, des avions, des fusées et des escaliers.

4. Prêtez attention à la façon dont votre inconscient utilise ce temps

Laissez-vous aller à vous demander comment vous puisez dans votre réservoir d'expériences et de savoir, et dans votre capacité innée à vous rééquilibrer, à vous régénérer et à reprendre des forces, de façon à vous aider à traiter les problématiques plus efficacement que vous ne l'auriez pensé auxquelles vous êtes confronté. Il se peut que vous commenciez à somnoler. Il est même possible que vous vous endormissiez.

5. Revenez au monde « réel »

Au bout d'une vingtaine de minutes, vous constaterez que vous êtes en pleine conscience de vous-même, alors que vous ne l'étiez pas quelques instants plus tôt. Si vous avez dormi, ne croyez pas que le travail sur vous-même ne s'est pas accompli. Vous n'avez pas besoin d'être conscient pour cela ! Vous devriez être curieux des résultats qu'ont pu apporter ces moments d'évasion. Parfois, des idées ou des inspirations sautent aux yeux immédiatement, mais, la plupart du temps, elles « arrivent » à votre conscience au cours des quelques heures ou jours suivants.

Vous pouvez maintenant avoir envie de vous lever et de vous étirer, ou juste de laisser votre regard errer dans le vague quelques instants, tandis que vous vous réorientez vers le monde réel.

6. Prenez l'habitude de faire ce travail personnel dans votre vie de tous les jours

Sachant à quel point une bonne habitude peut être bénéfique, passez l'accord avec vous-même de refaire le même exercice d'évasion dans les jours qui viennent – puis de nouveau dans les suivants. Les effets seront cumulatifs !

D'autres opportunités pour favoriser le recentrage sur soi

Comme nous l'avons vu, les creux ultradiens se produisent naturellement toutes les 90 à 120 minutes environ. Mais certaines activités peuvent également encourager cet état d'harmonie corps-esprit. Sachez saisir ces opportunités. Elles comprennent :

- les activités physiques répétitives qui vous occupent tout en laissant votre esprit vagabonder librement, comme la course à pied, la marche, le repassage, le tricot, etc. ;
- les tâches du quotidien qui vous sont familières, comme les moments où vous prenez une douche, où vous jardinez, où vous conduisez, où vous faites la vaisselle, etc. Même si elles impliquent une activité physique moins monotone et une certaine capacité de décision, elles offrent toutes un certain degré de prise de recul mental et des périodes prolongées de concentration diffuse.

➔ FONCTIONNEZ EN HARMONIE AVEC VOS RYTHMES ULTRADIENS (RÉSUMÉ)

- Identifiez les moments où vous êtes le plus alerte (coq ou hibou).
- Utilisez pleinement vos pics de concentration optimale (90 minutes, dont 45 minutes de concentration maximale) comme vos creux, ou temps de réflexion optimale (20 minutes).

- Sachez à quel type de mammouth vous êtes confronté et quelle est l'approche qui convient le mieux.
- Utilisez votre pensée consciente logique et rationnelle (cerveau gauche) pour les tâches précises et définies, et puisez dans les moments naturels de creux pour favoriser la réflexion, la récupération et le rééquilibrage opérés par le cerveau droit.

✔ Fonctionner en harmonie avec vos moments de pics et de creux permet de libérer l'énergie nécessaire pour travailler sans stress et vous ressourcer naturellement sans effort.

Il peut falloir du temps pour affiner cette pratique, mais plus vous l'appliquerez, plus elle deviendra une habitude et plus elle vous sera facile. L'expérience est cumulative, tout comme la conscience et la connaissance de soi. Mais vous pouvez faire encore plus. Les « miracles en 20 minutes », qui sont le sujet du prochain et dernier chapitre, sont le résultat de processus inconscients opérés par le cerveau droit, qui accompagnent naturellement les moments de creux et de réflexion intérieure. C'est pourquoi il est possible de transformer sa vie en 20 minutes seulement grâce à ces petits miracles aussi efficaces qu'accessibles.

Chapitre 13

LES MIRACLES EN 20 MINUTES

D'une certaine façon, ce livre entier parle de miracles. Le tout premier d'entre eux, c'est chacun de nous. Nous sommes des êtres époustouflants. Le deuxième miracle est que, comme aucune autre créature vivante, nous avons la capacité de nous voir de l'extérieur, mais aussi de l'intérieur – en d'autres termes, d'avoir conscience de nous-mêmes et de réfléchir sur nous-mêmes. Et le troisième miracle, qui provient des deux premiers, est que nous sommes capables de travailler sur nous-mêmes – c'est-à-dire de nous transformer et d'évoluer par nous-mêmes.

L'étymologie du mot « miracle » signifie « source d'émerveillement ». Comme je l'ai expliqué dans le chapitre précédent, la vitesse et l'habileté avec lesquelles nous sommes tous capables d'apporter des changements significatifs à notre état d'esprit, à nos émotions et à notre comportement peuvent sembler miraculeuses – mais ce qu'il y a de vraiment miraculeux est que *cette capacité est innée*.

De vrais miracles peuvent se produire non pas en quelques minutes mais en quelques secondes : cela suffit à transformer son esprit, à voir quelque chose sous un nouvel angle ou à agir différemment. Ces miracles peuvent avoir lieu n'importe où si vous savez faire usage de vos moments de creux, pas seulement pour vous reposer et vous recentrer sur vous-même, mais pour accéder à des processus mentaux différents de votre analyse et de votre pensée consciente habituelle. Des miracles peuvent avoir lieu dans le bus, sur un trajet en rentrant de l'école, sous la douche, dans une file d'attente, en regardant le plafond sur le fauteuil du dentiste ou chez le coiffeur. En un clin d'œil ou en une inspiration.

Vous n'avez même pas besoin de 20 minutes – mais si vous vous accordez le luxe de ce temps, vous pouvez même vous relaxer totalement tant que vous y êtes. Les processus générateurs de miracles expliqués dans ce chapitre fonctionnent parce que :

- votre esprit peut travailler à une vitesse phénoménale ;
- vous êtes désormais décidé à vous attaquer à votre mammouth ;
- vous savez que le domptage de mammouth ne nécessite pas un temps faramineux, des tonnes d'énergie ni des efforts énormes. Vous avez en vous tout ce qu'il faut pour le faire et vous savez maintenant que vous pouvez utiliser ces ressources naturelles : la capacité de vous comporter différemment vis-à-vis de *vous-même* avant de commencer à essayer de dompter votre mammouth.

Ne partez pas du principe que, si une chose est importante, elle nécessite que vous mobilisiez vos pics d'attention pour elle. Les pics sont souvent associés à un mode de pensée logique, consciente et organisationnelle, régi par le cerveau gauche ; mais si vous voulez trouver de nouvelles façons de traiter de vieux problèmes, générer de nouvelles idées et rentrer dans un mode de pensée intuitif, régi par le cerveau droit, vous avez tout intérêt à miser sur les creux et à laisser votre pensée consciente vagabonder librement d'une idée à une autre (ce qu'on appelle parfois la « rêverie »). Si vous vous autorisez à vous « laisser porter » par le flot de vos pensées, vous serez, bien sûr, en mode « creux » ; mais il faut savoir que ces états

« seconds » naturels de la conscience permettent non seulement de se reposer, mais également de se mettre en phase avec ses processus mentaux inconscients, non rationnels et non séquentiels. Il s'agit de la partie de votre esprit qui « sait » les choses de façon intuitive, qui peut parfois vous surprendre en faisant des « bonds » en avant et des associations imprévues, ou qui vous fait trouver des idées « sorties de nulle part ». Ou, pourrais-je dire, « sorties de votre savoir profond ». Les idées générées par le cerveau gauche arrivent généralement à la suite d'un « effort de réflexion » délibéré (et le mot « effort » montre bien de quoi il s'agit). Les idées générées par le cerveau droit, quant à elles, surviennent d'elles-mêmes des profondeurs de notre conscience, généralement sans rapport évident avec ce que l'on est en train de faire ou ce à quoi l'on est en train de penser sur le moment. Mais lorsqu'elles arrivent, elles donnent généralement le sentiment d'être « justes », aussi déconnectées puissent-elles être de la réalité immédiate.

Le cerveau droit fonctionne en fait en permanence, mais vous pouvez le stimuler délibérément pendant ces creux naturels en invoquant un sujet bien particulier – tout comme vous pourriez l'écrire sur une page blanche ou sur un morceau de papier. « Que devrais-je faire à propos de...? », « Par où continuer après cette étape ? », « Qu'est-ce qui peut bien se passer lorsque... ? » Il suffit généralement de ce type d'amorce mentale, délibérément émise à un moment de creux naturel, pour engager tout un processus de réflexion novatrice régie par le cerveau droit, ce qui est exactement ce qu'il vous faut lorsque votre pensée consciente est bloquée, hésitante ou à cours d'idées à cause de votre mammouth. Continuer à vous acharner dans les mêmes approches que toujours, qui ont maintes fois échoué, est vain : il est temps de laisser libre cours à votre mode de pensée personnel différent. Vous saurez tout de suite si votre nouvelle approche vous fait avancer. Comme le dit l'auteur de thrillers américain Raymond Chandler dans *Fais pas ta rosière*: « Et le petit tintement retentit, celui que l'on entend du bout du couloir, presque imperceptible, mais qu'il vaut mieux entendre. Quels que soient les autres bruits, il vaut mieux l'entendre. »

Les miracles des moments de creux

Alors, comment accéder à cette partie de votre conscience régie par le cerveau droit, et quels sont ces miracles que vous pouvez réaliser pendant ces creux de 20 minutes qui s'offrent à vous chaque jour de votre vie ?

Tout d'abord, il faut vous réserver l'espace physique et mental où vous pourrez vous déconnecter de vos autres préoccupations, et être passivement attentif à vous-même. Les « messages » que vous recevez de cette autre partie de votre cerveau peuvent arriver sous la forme de mots (le plus souvent des mots ou des expressions isolés plutôt que des phrases entières), d'images ou de sensations physiques (légèreté, lourdeur, vide, tumulte intérieur). Le seul travail que votre cerveau gauche doit opérer est de « mettre en avant » le sujet sur lequel vous voulez que votre cerveau droit travaille. Vous n'avez pas à « réfléchir » à ce sujet de votre choix, juste à l'invoquer consciemment, puis à attendre.

Le brainstorming

Une bonne façon de générer de nouvelles approches de votre mammouth est de faire un petit brainstorming individuel.

Concentrez-vous sur votre sujet, puis faites rapidement la liste de *toutes* les possibilités qui vous viennent à l'esprit – ne vous censurez pas et n'essayez pas d'exercer d'esprit critique d'ordre pratique ou de bon sens. Parmi vos idées incongrues, amusantes, saugrenues ou impossibles, il se peut qu'il s'en trouve une qui vous étonnera, parce qu'elle pourrait bien fonctionner. Il peut être judicieux de régler une alarme : savoir que vous êtes soumis à cette limite dans le temps évitera de recourir à la pensée critique et rationnelle de votre cerveau gauche.

Lors d'une récente séance de coaching intitulée « Faire publier son roman », les formateurs ont demandé aux participants de procéder à un brainstorming pour trouver dix nouveaux titres à leur roman en 5 minutes. (Le fait de fixer une limite de temps « impossible » en apparence pour cet exercice a permis de les aider à dépasser la pensée rationnelle de leur cerveau gauche et de les faire accéder à la créativité de leur cerveau droit.) Ils devaient ensuite lire ces nouveaux titres à voix haute en petits groupes (sans dire de quoi parlait leur roman) de façon à voir dans quelle mesure ils « accrochaient » les autres participants. À la suite de ce moment, bon nombre des apprentis écrivains abandonnèrent le titre qu'ils avaient choisi au préalable pour le remplacer par l'un de ceux qu'ils avaient trouvé en brainstorming.

Prenez pour modèle une personne différente de vous

Comme je l'ai expliqué plus haut, prendre modèle sur quelqu'un d'autre peut être une façon très efficace d'assimiler et d'acquérir une nouvelle façon d'être. Pensez à une personne que vous connaissez et qui est très différente de vous. Il n'est pas forcément nécessaire de choisir quelqu'un dont vous pensez qu'il arriverait mieux que vous à dompter votre mammouth – contentez-vous d'utiliser votre imagination pour vous mettre dans la peau de quelqu'un d'autre, pendant quelques instants, afin de découvrir comment votre mammouth peut être considéré d'un point de vue totalement différent et quelles autres approches sont possibles.

Dieux et héros de légende

Quand j'étais petite, j'avais un livre qui portait ce titre. Il nous rappelle que, pour prendre modèle afin d'adopter un comportement ou une approche différente des nôtres, nous n'avons pas à nous limiter aux gens que nous connaissons vraiment. Imaginez que ce soit l'un de vos héros personnels qui soit confronté à votre tâche ou à votre ambition. Vous pouvez choisir un personnage historique ou légendaire qui vous inspire, ou une personne vivant actuellement. Imaginez-vous dans sa peau. Écrivez une brève légende de la façon dont ce personnage parvient à s'en sortir et surmonte votre épreuve de façon victorieuse. Soyez audacieux, n'ayez pas peur des mots, embellissez au maximum. Comment vous sentez-vous vis-à-vis de votre épreuve désormais et quelles leçons avez-vous apprises de votre héros ?

L'entonnoir

Il s'agit d'un exercice en trois étapes, mais il ne prend qu'une vingtaine de minutes ; comme l'exercice de brainstorming sur les titres de roman raconté plus haut, il utilise l'urgence ressentie lorsqu'on est limité à un délai court pour vous aider à dépasser votre pensée analytique consciente et stimuler votre conscience de vous-même régie par votre cerveau droit. Réglez une alarme (montre, téléphone ou minuteur de cuisine feront tous l'affaire) sur 10 minutes.

- Notez tout ce qui vous vient à l'esprit sur votre mammouth aussi vite que vous le pouvez, sans essayer de respecter une quelconque logique, sans réfléchir, et sans vous autocorriger ni vous autocensurer. Écrivez sans vous arrêter jusqu'à ce que l'alarme sonne.

- Ensuite, sans relire ce que vous avez écrit, réglez de nouveau l'alarme, cette fois sur 7 minutes. Faites la liste point par point de toutes les façons dont votre mammouth vous pose problème.

- Enfin, et de nouveau sans vous relire, réglez l'alarme sur 3 minutes. Notez un seul point : quel est donc le noyau du problème que pose votre mammouth ?

Prenez ce noyau comme point de départ !

L'autosuggestion

Beaucoup de gens n'ont pas conscience que nous avons tous une « horloge » interne que nous pouvons « programmer » de façon délibérée. Vous pouvez régler votre horloge interne sur 20 minutes avant de vous plonger en vous-même. Pour cela, vous pouvez par exemple vous dire « 20 minutes » à vous-même, ou imaginer deux horloges l'une à côté de l'autre, avec 20 minutes de différence entre les deux. Vous pouvez aussi, bien sûr, inventer votre propre méthode. Ayez une question ou un objectif prédéfini avant de commencer, comme par exemple : « J'ai vraiment besoin de me reposer profondément quelques instants », ou : « Je voudrais utiliser ce temps pour trouver une nouvelle façon de faire/résoudre/considérer X. »

La rotation en 3D

Imaginez votre mammouth comme si c'était un objet posé devant vous (vous pouvez même l'imaginer sous les traits d'un vrai mammouth laineux comme représentation temporaire). S'il vous effraie vraiment, créez un enclos solide autour de lui, de façon à vous en sentir protégé. Maintenant, faites-en le tour de manière à le voir sous tous les angles possibles. Regardez-le de tout près, puis de loin. Vous avez toutes les chances de remarquer des détails ou des aspects que vous n'aviez pas vus auparavant. Comment pourraient-ils vous aider à gérer votre mammouth différemment ou mieux ?

Les questions constructives

J'ai déjà abordé ce que les psychothérapeutes appellent « la question miracle » . Mais il y a bon nombre d'autres questions constructives utilisées par les coachs pour aider leurs clients à voir quelque chose sous un nouvel angle ou à puiser dans leur savoir intuitif.

Ces questions sont de véritables leviers, et vous pouvez vous les poser à vous-même et vous laisser surprendre par l'ampleur des réponses qu'elles appellent et des ressources que vous avez en vous. Vous pouvez utiliser vos moments de creux d'énergie pour le faire, ou juste soulever une de ces questions en face à face avec vous-même à n'importe quel moment et n'importe où, et vous dire que la réponse viendra par la suite.

Prenez une question à la fois : vos réponses viendront soit de votre réflexion logique et rigoureuse issue du cerveau gauche, soit de la réflexion plus détachée et libre de votre cerveau droit. Vous pouvez même explorer la même question à différents moments et de différentes manières afin d'obtenir une image plus complexe.

Pensez très attentivement à chacun des mots compris dans la question en vous la posant – l'une des raisons de leur efficacité est que chaque mot a son importance. Voici quelques-unes parmi les meilleures.

En ce qui concerne mon mammouth

- Quelle est la plus grande difficulté à laquelle je suis confronté ?
- Quel est le plus grand risque que je pourrais prendre ?
- Quelle serait ma plus grande satisfaction ?
- Sur quoi ou sur qui puis-je compter ?

Ce premier ensemble de questions vous permet d'affiner la nature et la dimension de votre mammouth. Les questions suivantes vous permettent d'explorer plus en profondeur les difficultés auxquelles vous êtes confronté.

Que se passe-t-il vraiment au fond ?

Cette question vous permet de dépasser l'histoire et d'accéder au problème ou au principe sur lequel elle repose.

De qui est-ce vraiment le problème ?

Il peut arriver que quelqu'un d'autre vous ait « transmis » son problème. Il peut même vous avoir été transmis il y a des années par des parents, des professeurs ou des amis de façon non intentionnelle. Peut-être est-ce le moment de le leur rendre ou de vous en défaire.

Qu'est-ce que je veux vraiment ?

Cette question est à vous poser lorsque vous avez le sentiment de tourner en rond ou que vous êtes bloqué dans le présent, car elle vous permet de vous projeter à plus long terme.

Qu'est-ce qui compte vraiment ?

Faites le tri, épurez, allez à l'essentiel.

Qui est-ce qui compte vraiment ?

Il se peut que ce soit vous – c'est votre survie qui est en jeu. Il se peut que ce soit quelqu'un d'autre. Peut-être que c'est la planète. Libre à vous.

Qui dit qu'il doit en être ainsi ?

Le poète Coleridge avait une belle expression pour décrire ces choses que nous nous imposons tous à nous-mêmes de temps à autre. Il les appelait les « voix héréditaires prédisant la guerre ». Souvent, les choses que nous pensons issues de notre réflexion ou de notre expérience ne sont pas du tout les nôtres. Cette question vous oblige à vous demander si vous pensez, ou croyez, ou voulez vraiment ce quelque chose qui vous préoccupe. Vous êtes-vous approprié une croyance ou une injonction venant de quelqu'un d'autre ? Une fois que vous avez répondu à cette question, vous êtes plus en mesure de décider si vous voulez vraiment la faire vôtre ou pas. Quoi qu'il en soit, cela pourra influer profondément sur la façon dont vous dompterez à l'avenir.

Quelle est la place de ce problème ?

Si c'est un détail qui vous occupe l'esprit, cette question vous invite à opérer un regroupement et à voir de quelle façon il s'insère dans le tableau général. Si vous bloquez sur le tableau général, elle vous invite, au contraire, à opérer une fragmentation pour mieux cerner les détails.

Et après… ?

Quelle devrait être la suite de votre passage à l'action ?

Et dans cinq ans… ?

Quels sont les effets et les implications à plus long terme ? Il se peut que vous ne puissiez pas tout prévoir exactement dans le détail – c'est le lot de toute prévision, puisque nous ne pouvons pas tout savoir à l'avance – mais vous poser cette question vous aidera à prendre conscience qu'il y aura effectivement des conséquences aussi lointaines que cela. Imaginez plusieurs scénarios et essayez de broder ou de développer des stratégies aujourd'hui contre les possibilités indésirables à l'avenir.

Sur mon lit de mort, est-ce que ce qui me satisferait vraiment serait que…
Sur mon lit de mort, est-ce que j'aurais vraiment des regrets si…

Ces deux questions vont mettre en lumière les opportunités que vous avez aujourd'hui de dompter votre mammouth, de changer l'avenir et de guérir du passé. Les choix ne peuvent se faire que dans le présent, mais, en concevant les choses du point de vue de nos derniers instants, nous percevons mieux les possibilités dont nous disposons aujourd'hui.

EN GUISE DE CONCLUSION

Ce qu'il y a de décisif dans le domptage de votre mammouth est finalement de *choisir de le dompter*. Libre à vous de choisir le moment et la façon de le faire. J'espère que vous êtes aujourd'hui convaincu, même si vous ne l'étiez pas en ouvrant ce livre, que vous disposez de toutes les ressources nécessaires pour maîtriser ce mammouth qui vous encombre.

À mesure que vous expérimenterez, penserez et affinerez votre capacité à le surmonter, vous découvrirez de plus en plus de choses sur vous-même et sur vos aptitudes. Les mammouths sont une partie inévitable de la vie humaine. Ce livre n'a pas pour objet de les faire disparaître, mais de vous donner toutes les clés pour en prendre le contrôle. Étrangement, le fait de vous attaquer à votre mammouth fera peut-être plus encore pour vous que de simplement le surmonter : cela peut transformer à tout jamais le rapport que vous avez à vous-même.

REMERCIEMENTS

À deux égards, ce livre doit beaucoup à la discipline qu'est la PNL. Tout d'abord, il utilise les concepts de morcelage, de fragmentation et de regroupement comme outils essentiels pour rendre plus gérables les tâches, les problèmes et les ambitions de nos vies qui constituent nos mammouths. Et comme les principes de la PNL, il s'appuie sur les « recettes » personnelles d'individus pour montrer de quelle façon cela peut être mis en application.

L'homme est au cœur de la PNL : parmi ses supposés fondamentaux, il y en a deux qui s'appliquent particulièrement ici. Tout d'abord, les gens font de leur mieux ; ensuite, il existe toujours quelque part une structure personnelle du succès et de l'échec. Lorsque nous mettons en lumière ces structures qui définissent notre façon bien à nous de faire les choses, nous pouvons commencer à privilégier consciemment celles qui fonctionnent et à éviter celles qui ne fonctionnent pas. Nous pouvons aussi « emprunter » (en PNL, on parle de « modélisation ») les schémas qui fonctionnent bien pour les autres et commencer ainsi à nous les approprier.

De façon objective, ce livre est construit à l'aide de la PNL, mais il se fonde également sur une longue expérience de travail utilisant les états altérés de la conscience, qu'ils interviennent naturellement ou qu'ils soient suggérés à l'aide de l'hypnose. Il est fait de matières premières diverses, issues des différents domaines de ma vie, et s'enrichit au fil des pages par les combats et les succès de mes clients. En plus de quarante ans de carrière, au cours desquels j'ai travaillé avec des gens extrêmement variés dans des contextes très divers – université, cabinet de thérapie, entreprise privée ou publique, dont des multinationales –, j'ai eu la chance de rencontrer des personnes merveilleuses, imaginatives, douées, persévérantes, créatives, attentives, et au succès indéniable – et de pouvoir m'en inspirer. Bon nombre d'entre elles seraient bien étonnées de se voir ainsi décrites. Leur savoir a enrichi et complété le mien, et est présent à chacune des pages de ce livre. Certaines anecdotes reprises ici viennent d'elles, adaptées et modifiées pour préserver leur anonymat et protéger leur vulnérabilité. Car nous sommes tous vulnérables face à nos mammouths.

Plus spécifiquement, je dois plus que je ne peux le dire au soutien et à l'aide pratique de certaines personnes qui me sont particulièrement chères. Mon mari, Leo, et mon amie Su Reid, qui ont tous deux lu chaque chapitre tel qu'il était écrit et m'ont aidée à les rendre plus clairs et plus accessibles. Ma fille Charlotte, mes amis Jan Russel, Jane Lemmon, Amanda Prout et Liz Marks, qui m'ont encouragée tout au long de l'écriture de ce livre. Gill Bailey des Éditions Piatkus, qui a partagé mon enthousiasme sur l'idée du « domptage » et du « morcelage », et Claudia Dyer, qui a corrigé mon manuscrit et qui, avec le flair qui la caractérise, y a apporté des commentaires judicieux. Merci également à Anne Newman pour son aide inestimable à la finalisation du texte.

POUR ALLER PLUS LOIN

Autour de Milton Erikson

Jay Haley, *Un thérapeute hors du commun : Milton H. Erikson*, Desclée de Brouwer, 2007.

Sydney Rosen, *Ma voix t'accompagnera : Milton H. Erikson raconte*, Hommes et groupes, 1998.

Autour de la PNL

Richard Bandler, *Un cerveau pour changer : la programmation neuro-linguistique*, Pocket, 2008.

Leslie Cameron-Bandler et Michael Lebeau, *Au cœur des émotions : apprivoisez vos émotions avec la PNL*, De la tempérance, 2008.

Robert Dilts, *Changer les systèmes de croyance avec la PNL*, Dunod, 2006.

Robert B. Dilts, Todd Epstein et Robert W. Dilts, *Tools for Dreamers : Strategies for Creativity and the Structure of Innovation*, Meta Publications, 1991.

Wendy Jago, *The NLP Brain Builder*, Piatkus, 2010.

Ian McDermott et Wendy Jago, *The NLP Coach*, Piatkus, 2001.

Autour du cerveau

Guy Claxton et Hare Brain, *Tortoise Mind : Why Intelligence Increases When You Think Less*, Fouth Estate, 1997.

Malcolm Gladwell, *La Force de l'intuition : prendre la bonne décision en deux secondes*, Pocket, 2007.

Ian McDermott et Wendy Jago, *Your Inner Coach*, Piatkus, 2003.

Ernest Lawrence Rossi, *The 20-Minute Break*, Jeremy Tarcher, 1991.

Autour de la transformation de soi

Connirae et Steve Andreas, *Au cœur de l'esprit : la PNL en psychothérapie*, De la tempérance, 1994.

Leslie Cameron-Bandler, David Gordon et Michael Lebeau, *Know How : Guided Programms for Inventing your Own Best Future*, Real People Press, 1985.

Carol S. Dweck, *Mindset : Know How You Can Fulfil Your Potential*, Ballantine Books, 2006.

Carol S. Dweck, *Changer d'état d'esprit : une nouvelle psychologie de la réussite*, Mardaga, 2006.

Robert Maurer, *Un petit pas peut changer votre vie : la voie du Kaizen*, Le Livre de poche, 2007.

Lissane Oliver, *Sorted : The Ultimate Guide to Organising Your Life – Once and For All*, Hardie Grant Books, 2007.

Barbara Sher, *Wishcraft: How to Get What You Really Want*, Ballantine Books, 1979.

Barbara Sher et Barbara Smith, *Vous êtes doué et vous ne le savez pas : comment trouver sa voie et s'épanouir*, Le Grand Livre du mois, 1998.

Autour du changement organisationnel

Chip et Dan Heath, *Switch : osez le changement*, Leduc.s, 2012.

George Kohlrieser, *Négociations sensibles : les techniques de négociation de prise d'otages appliquées au management*, Village mondial, 2007.

Tom Rath et Donald O. Clifton, *Votre seau est-il bien rempli? Des stratégies positives pour le travail et la vie*, Trésor caché, 2005.

TABLE DES MATIÈRES

Découpez votre mammouth pour mieux en venir à bout

Les clés du changement

Touches finales

Achevé d'imprimer en janvier 2013
sur les presses de GGP Media GmbH, Allemagne.

41.2174.5/01

ISBN : 978.2.501.08165.8

Dépôt légal : février 2013